判例INDEX

侵害態様別に見る
名誉毀損・プライバシー侵害
300判例の慰謝料算定

第一法規「判例体系」編集部 [編集]
伊藤 進 明治大学名誉教授 [編集協力]

第一法規

本書のご利用にあたって

1　本書について

・本書は、「名誉毀損」「プライバシー侵害」「氏名・肖像権侵害」に関する判例の慰謝料算定について、侵害態様・媒体別に整理し、裁判所における慰謝料認定額の相場、傾向を確認することを目的とした書籍です。

・認定額のほか、判決要旨、評釈、上下審情報を収録していますので、判例調査のためのインデックス情報として活用いただけます。

2　収録内容

(1) 収録判例、判決要旨について

・収録判例及び判決要旨は、小社判例情報データベース「D1-Law.com判例体系」の「債権法Ⅱ」収録の判例・要旨を使用しています。

・各収録判例の書誌情報には小社判例情報データベース「D1-Law.com判例体系」の判例IDを付していますので、判決本文に簡単にアクセスすることができます。

(2) 認定額、被害者、侵害態様について

・各判例における認定額、被害者は、主要なものを取り上げていますので、判決文に記述があっても、本書では取り上げていない場合もあります。

・被害者、侵害態様中の表記は、原則判決文及び要旨の記載に基づいています。

3　判例出典略語

・以下の略語を使用しています。

民集	最高裁判所民事判例集
判時	判例時報
判タ	判例タイムズ
労判	労働判例
労経速報	労働経済判例速報
裁判所ウェブ	裁判所ウェブサイト

＜編集協力＞

伊藤　進（明治大学名誉教授）
　小社判例情報データベース『D1-Law.com判例体系』「債権法Ⅱ」法編代表

目次

判例INDEX
侵害態様別に見る
名誉毀損・プライバシー侵害
300判例の **慰謝料** 算定

本書のご利用にあたって

I 名誉毀損
1 雑誌 …………………………… 2
2 新聞 …………………………… 66
3 書籍 …………………………… 97
4 テレビ ………………………… 111
5 WEB …………………………… 127
6 広報 …………………………… 145
7 文書・ビラ …………………… 150
8 メール ………………………… 171
9 人事 …………………………… 174
10 裁判 ………………………… 188
11 街宣活動 …………………… 198
12 不適切発言 ………………… 208
13 その他 ……………………… 222

II プライバシー侵害
1 雑誌 …………………………… 234
2 新聞 …………………………… 243
3 書籍 …………………………… 244
4 テレビ ………………………… 252
5 WEB …………………………… 255
6 広報 …………………………… 257
7 監視・防犯カメラ …………… 258
8 裁判 …………………………… 261
9 個人情報提供・漏洩 ………… 266
10 捜査 ………………………… 288
11 その他 ……………………… 289

III 氏名・肖像権侵害
1 雑誌 …………………………… 300
2 新聞 …………………………… 308
3 テレビ ………………………… 309
4 WEB …………………………… 311
5 監視・防犯カメラ …………… 313
6 広告 …………………………… 315
7 その他 ……………………… 318

認定額別索引 …………………… 322
被害者属性別索引 ……………… 332

I 名誉毀損

判例INDEX

I 名誉毀損

》1. 雑誌

001

東京地裁平成 21 年 3 月 26 日判決［28151500］
◆判時 2039 号 25 頁 / 判タ 1310 号 87 頁
〔一部認容、一部棄却〕

認定額	横　　　綱 1000 万円 各　力　士 20 万又は 200 万円 日本相撲協会 600 万円
被害者	力士、日本相撲協会
侵害態様	大相撲の八百長に関する週刊誌記事
判決要旨	日本相撲協会が挙行した平成 18 年九州場所、同 19 年初場所において、横綱らの力士が八百長相撲を行い、協会もこれを黙認している等の週刊誌記事により、協会及び力士らの名誉が毀損された事案につき、本件週刊誌は約 70 万部と多大な発行部数を有するものであること、対象となった者らの現在及び将来における影響の深刻さ等一切の事情を考慮して、横綱に対して 1000 万円、力士 6 名に対して各 200 万円、力士 14 名に対して各 20 万円、日本相撲協会に対して 600 万円の非財産的損害が認められた事例。

	東京高裁平成13年7月5日判決［28062405］
002	◆判時1760号93頁／判タ1070号29頁
	〔控訴棄却〕

認定額	1000万円

被害者	有名女優
侵害態様	近隣住民とトラブルを起こしているとする週刊誌記事
判決要旨	1　近時においては、国民の人格権に対する重要性の認識やその社会的、経済的価値に対する認識が高くなってきており、人格権の構成要素である名誉権、肖像権等の保護やそれらの侵害に対する補償についての要求も高くなっているから、とかく軽く評価してきた過去の名誉毀損等による裁判例の慰謝料に拘束されたり、これとの均衡にこだわることは、必ずしも正義と公平の理念に適うものとはいえない。 2　有名な女優が精神的に変調を来し近隣住民とトラブルを起こしているとの週刊誌記事による慰謝料額の算定においては、同人の被った精神的苦痛にとどまらず、本件記事の公表によって生じうる芸能活動・コマーシャルへの出演機会に対する悪影響による無形の財産的損害、本件記事掲載の違法性の高さ、多少の損害賠償金の支払では本件のような違法行為の自制が期待されないことなどの事情を総合考慮すべきである。

I 名誉毀損

3 本件記事の公表によってもたらされる前記女優の精神的苦痛等を償うに足りる慰謝料は1000万円を下回らないというべきである。

上下審	第一審：東京地裁平成13年2月26日判決／判タ1055号24頁 ［28062406］〔一部認容、一部棄却〕
評　釈	▶判例タイムズ1070号29〜93頁 2001年 ▶田島泰彦・メディア判例百選（別冊ジュリスト179）138〜139頁 2005年

003

東京地裁平成13年4月24日判決　[28061368]
◆判時1767号32頁
〔本訴一部認容・一部棄却、反訴棄却〕

認定額	1000万円

被害者	内閣総理大臣
侵害態様	女性関係、ヤミ献金等に関する月刊誌記事
判決要旨	内閣総理大臣であった者が、(1)女性関係が乱れ、スキャンダルの噂があること、(2)ヤミ献金を受領したこと等を内容とする記事及び、(3)部屋の中で裸体で立ち裸体の女性議員の両肩に両手を置いている図画が月刊誌に掲載されて、同人の名誉が毀損され、名誉感情が侵害された事案につき、記事の内容、掲載態様、雑誌の種類、頒布方法、被害者の地位、その他一切の事情を総合考慮して、1000万円の慰謝料が認められた事例。
評釈	▶松井茂記・法律時報74巻4号101〜105頁 2002年

I　名誉毀損

004

東京地裁平成13年3月27日判決［28061990］
◆判時1754号93頁／判タ1055号29頁
〔一部認容、一部棄却〕

認定額	1000万円

被害者	著名プロ野球選手
侵害態様	自主トレ中、ストリップバーに通っていたとする週刊誌記事
判決要旨	出版社が、著名なプロ野球選手が自主トレ先でストリップバーに通っていたとの週刊誌記事を掲載して、同野球選手の名誉を毀損した事案につき、本件記事が読者に対して強い印象を与えるものであること、本件週刊誌が発行部数も多く大きな社会的影響力を持っていること、同プロ野球選手が復活をかけて必死でトレーニングをしていると認識されていた時期に本件記事が掲載されたこと等諸般の事情を考慮して、1000万円の慰謝料が認められた事例。
上下審	控訴審：【013】東京高裁平成13年12月26日判決／判時1778号73頁／判タ1092号100頁［28071037］〔一部変更、一部控訴棄却〕
評釈	▶判例タイムズ1055号24～36頁2001年

005

東京高裁平成 11 年 6 月 30 日判決　[28042135]
◆判時 1695 号 77 頁 / 判タ 1004 号 292 頁
〔変更〕

»1 雑誌

認定額	計 1000 万円

被 害 者	元大蔵省審議官
侵害態様	不正融資事件に関する写真週刊誌記事
判決要旨	銀行の不正融資事件を取り上げる写真週刊誌記事において、刑事事件の供述調書を引用して、元大蔵省審議官が在職当時、銀行の人事異動を阻止するための働きかけをしたこと等を批判する趣旨の記載がされたことにより元審議官の名誉が毀損された事案につき、職務に関して公正・廉潔を求められる被害者の名誉・信用が著しく毀損されたこと、日常の職務、人事、友人関係等に多大な影響が与えられたこと等一切の事情を考慮して、雑誌社、発行人、編集人、執筆者に対して各自 250 万円の慰謝料の支払が命じられた事例。
上 下 審	第一審：東京地裁平成 10 年 9 月 25 日判決 / 判時 1674 号 88 頁 / 判タ 1004 号 204 頁 [28041241]〔一部認容、一部棄却〕

I　名誉毀損

006

東京地裁平成11年2月15日判決　[28040902]
◆判時1675号107頁／判タ1023号220頁
〔一部認容、一部棄却〕

認定額	1000万円

被 害 者	生命保険会社
侵害態様	会社の醜聞を記載した週刊誌記事
判決要旨	生命保険会社の退任取締役が週刊誌記者に会社の内部情報を漏洩したことにより、会社の醜聞を記載した週刊誌記事が公表されて会社の名誉・信用が毀損された事案につき、会社の醜聞に関する記事は他にも存在するが、本件記事は内部情報や資料を中心に組み立てられているため読者に対するインパクトが強いこと、本件記事が他の記事と相まって企業年金保険のシェアダウンにつながったこと等一切の事情を考慮して、1000万円の慰謝料が認められた事例。
評　　釈	▶高岡信男・旬刊金融法務事情1548号6〜11頁1999年 ▶野口恵三・ＮＢＬ689号68〜71頁2000年 ▶久保宏之・私法判例リマークス〔20〕＜2000〔上〕〔平成11年度判例評論〕＞（法律時報別冊）58〜61頁2000年 ▶田中亘・ジュリスト1201号143〜147頁2001年

007

東京地裁平成19年6月25日判決［28140382］
◆判時1988号39頁／判タ1260号301頁
〔一部認容、一部棄却〕

認定額	800万円

被害者	芸能人の結婚相手の男性
侵害態様	芸能人の離婚に関する週刊誌記事
判決要旨	結婚の数か月後に離婚した芸能人である女性の手記という形で、離婚に至る経緯を記載した週刊誌記事により、結婚相手の男性の名誉が毀損された事案につき、プライバシー報道による売名等を意図していないにもかかわらず、プライバシーに属する事柄について報道され、離婚の原因となる不貞行為や暴力的言動をした等の著しい名誉毀損被害を受けたこと、本件週刊誌は全国規模で数十万部も発行されるものであり、広告により被害が更に拡大したこと等を考慮して、800万円の慰謝料が認められた事例。

I　名誉毀損

008

東京地裁平成18年9月28日判決［28132240］
◆判タ1250号228頁
〔一部認容、一部棄却〕

認定額	夫 800万円 妻 200万円

被害者	殺人事件被害者の親族夫婦
侵害態様	殺人事件に関する週刊誌記事
判決要旨	殺人事件の被害者の親族である夫婦が殺人事件の真犯人であり、夫がいかがわしい人物であるとの事実を記載した週刊誌記事により、前記夫婦の名誉が毀損された事案につき、本件記事では実名が使用されておらず、同人らを特定できる者は比較的限られていること等諸般の事情を考慮して、夫については800万円、妻については200万円の慰謝料が認められた事例。

009

福岡高裁平成 16 年 2 月 23 日判決 ［28090965］
◆判タ 1149 号 224 頁
〔原判決変更〕

認定額	800 万円

被害者	元大学教授
侵害態様	石器発掘捏造に関する週刊誌記事
判決要旨	遺跡から発掘された石器の捏造に元大学教授が関与したとの印象を与える週刊誌の記事が、同教授の名誉を毀損するものであるとして、当該記事の掲載後に自殺した同教授の慰謝料として 800 万円が認められた事例。
上下審	**上告審**：最高裁平成 16 年 7 月 15 日判決［28092064］〔上告棄却〕 **第一審**：【011】大分地裁平成 15 年 5 月 15 日判決／判時 1826 号 103 頁［28082208］〔一部認容、一部棄却〕

Ⅰ 名誉毀損

010

東京地裁平成 21 年 3 月 5 日判決［28151446］
◆判時 2038 号 71 頁
〔一部認容、一部棄却〕

認定額	元 横 綱 700 万円 日本相撲協会 700 万円
被 害 者	元横綱、日本相撲協会
侵害態様	大相撲の八百長に関する週刊誌記事
判決要旨	元横綱であり日本相撲協会の理事長を務める者が、現役時代に八百長相撲をし、また、八百長は日本相撲協会の旧態依然とした体質の現れであるという印象を読者に与える内容の週刊誌記事により、元横綱及び日本相撲協会の名誉が毀損された事案につき、本件記事は被害者の社会的信用を著しく毀損するものであること、本件不法行為の態様等一切の事情を考慮して、それぞれ 700 万円の損害賠償が認められた事例。
上 下 審	**控訴審**：東京高裁平成 22 年 3 月 17 日判決／判時 2118 号 37 頁［28173998］〔原判決一部変更〕

011

大分地裁平成 15 年 5 月 15 日判決 ［28082208］
◆判時 1826 号 103 頁
〔一部認容、一部棄却〕

認定額	600 万円

被 害 者	大学名誉教授
侵害態様	遺跡発掘捏造に関する週刊誌記事
判決要旨	洞穴の遺跡第 1 次調査において考古学者である著名な大学名誉教授が捏造に関与した疑いがあるとの印象を与える週刊誌記事が掲載されたことにより、同大学名誉教授の名誉が毀損され、同大学名誉教授が抗議のため自殺した事案につき、同大学名誉教授の社会的評価の低下の程度、記事の公共性、本件記事は同大学名誉教授が捏造者であると断定しているものではないこと等諸般の事情を考慮して、600 万円の慰謝料が認められた事例。
上 下 審	**上告審**：最高裁平成 16 年 7 月 15 日判決 ［28092064］〔上告棄却〕 **控訴審**：【009】福岡高裁平成 16 年 2 月 23 日判決／判タ 1149 号 224 頁 ［28090965］〔原判決変更〕

I 名誉毀損

012

東京高裁平成14年3月28日判決［28071038］
◆判時1778号79頁
〔控訴棄却〕

認定額	600万円

被害者	著名プロ野球選手
侵害態様	暴力団との交際や野球賭博に関する週刊誌記事
判決要旨	著名なプロ野球選手が暴力団組長と親密な交際をし、野球賭博に関与したとの週刊誌記事による名誉毀損については、名誉毀損の程度が大きいこと、本件週刊誌の発行部数等からみて流布の範囲は非常に広いものであること、被害者がチームメートに誘われて暴力団組長と酒席を共にしたことが慰謝料を大きく減額する事情と評価することはできないこと、出版社の営業利益がかなり大きなものであること等一切の事情を考慮して、600万円の慰謝料が認められた事例。
上下審	第一審：東京地裁平成13年9月21日判決／判タ1070号86頁［28062411］〔一部認容、一部棄却〕

013

東京高裁平成 13 年 12 月 26 日判決［28071037］
◆判時 1778 号 73 頁 / 判タ 1092 号 100 頁
〔一部変更、一部控訴棄却〕

認定額	600 万円

被害者	著名プロ野球選手
侵害態様	トレーニング中にストリップパブで遊びに興じていたという週刊誌記事
判決要旨	著名なプロ野球選手が、シアトルでのトレーニング中に、ストリップパブに通い白人ダンサーを相手に遊びに興じていた等の記事が週刊誌に掲載され同人の名誉が毀損された事案につき、本件記事の内容は広い範囲に伝わったと推認されること、本人から取材さえしていないこと、本件記事はプロ野球選手としての資質以外の人格的な側面についての中傷、誹謗、非難等を多く含むものではないこと等の諸事情を考慮して、600 万円の慰謝料が認められた事例。
上下審	第一審：【004】東京地裁平成 13 年 3 月 27 日判決 / 判時 1754 号 93 頁 / 判タ 1055 号 29 頁［28061990］〔一部認容、一部棄却〕
評釈	▶右崎正博・法律時報 74 巻 9 号 106 ～ 112 頁 2002 年 ▶鬼頭季郎・メディア判例百選（別冊ジュリスト 179）140 ～ 141 頁 2005 年

》1 雑誌

I 名誉毀損

014

東京地裁平成22年10月29日判決　[28180052]
◆判タ1359号188頁
〔一部認容、一部棄却〕

認定額	500万円

被害者	市長
侵害態様	市長の適性を疑わせる週刊誌記事
判決要旨	市長が、(1)合コンでわいせつな行為を行った、(2)そのことをたしなめた市議を恫喝した、(3)有力支援者に便宜を図り公金を自己に還流させ横領している、(4)公務を放棄してキャバクラで遊んでいた等の事実を摘示する週刊誌記事により市長の名誉が毀損された事案につき、被害者は公選公職の地位にあってその言動・行動等について国民が関心を有するものであること、本件各記事の内容、社会的評価の低下の程度、その他一切の事情を考慮して、500万円の慰謝料が認められた事例。

015

東京地裁平成 19 年 1 月 17 日判決 ［28130304］
◆判時 1987 号 31 頁 / 判タ 1247 号 276 頁
〔一部認容、一部棄却〕

認定額	500 万円

被害者	国会議員
侵害態様	法案通過打上げ参加に関する週刊誌記事
判決要旨	郵政民営化法案に反対する民主党所属の国会議員が、同法案が衆議院において可決された直後に、賛成派議員とともに同法案通過の打ち上げを行っていた等の週刊誌記事により、前記国会議員の名誉が毀損された事案につき、本件週刊誌の発行部数からして本件記事による影響は大きいこと、本件記事発行後の衆議院議員選挙で前記国会議員が当選していること、謝罪広告を認めることにより精神的苦痛が相当程度慰謝されること、その他一切の事情を考慮して、500 万円の慰謝料が認められた事例。

I　名誉毀損

016

京都地裁平成 14 年 6 月 25 日判決　[28073023]
◆判時 1799 号 135 頁
〔一部認容、一部棄却〕

認定額	500 万円

被害者	衆議院議員
侵害態様	建設工事に係る金銭授受に関する月刊誌記事
判決要旨	月刊誌に自民党の元幹事長の衆議院議員が市営地下鉄の建設工事に関して不法に金銭を得ているという趣旨の記事が掲載されて、同衆議院議員の名誉が毀損された事案につき、記事の内容、対象となった者が自民党幹事長、内閣官房長官等を歴任した著名な政治家であるというその社会的地位等一切の事情を考慮して、500 万円の慰謝料が認められた事例。

017

東京地裁平成 13 年 12 月 6 日判決［28070669］
◆判時 1801 号 83 頁
〔一部認容、一部棄却〕

》1 雑誌

認定額	500 万円

被害者	NHK 幹部
侵害態様	NHK 幹部が異常なクレーマーであるとする写真週刊誌記事
判決要旨	NHK の幹部が、自宅マンションの騒音をめぐる紛争について、異常なクレーマーであり、また、人脈を駆使して建設省の幹部に働きかけ、施工業者に圧力をかけさせた等の印象を与える写真週刊誌記事により、同人の名誉が毀損された事案につき、本件記事による同人の社会的評価の低下は著しく大きかったこと、家族も多大な精神的苦痛を被ったこと等を考慮して、500 万円の慰謝料が認められた事例。
上下審	**控訴審**：東京高裁平成 15 年 3 月 19 日判決［28110459］〔原判決変更、附帯控訴棄却〕

Ⅰ　名誉毀損

018

東京地裁平成 13 年 10 月 22 日判決　[28072546]
◆判時 1793 号 103 頁
〔一部認容、一部棄却〕

認定額	著名な建築家 500 万円 所属する会社 500 万円

被害者	著名な建築家、所属する会社
侵害態様	設計に関与した建造物の評判が悪いとする週刊誌記事
判決要旨	1　著名な建築家がその設計に関与し工事費 100 億円を要した「恐竜の形をした橋」の評判が悪く、多数の地元市民から罵声を浴びているとする記事が週刊誌等に掲載されて、同建築家の名誉が毀損された事案につき、本件記事の内容、本件記事によって被った損害の程度、その他一切の事情を考慮して、500 万円の慰謝料が認められた事例。 2　同事案につき、同建築家の社会的信用の低下は、同建築家の実績とその社会的信用で仕事を受注し営業活動を行っている会社の社会的信用の低下をももたらし、営業面に相当の支障が生じているとして、同会社の被った無形損害に対して 500 万円の損害賠償が認められた事例。
評釈	▶樺島正法・判例タイムズ 1098 号 33 〜 36 頁 2002 年 ▶橋本眞・判例評論 531 号（判例時報 1812）189 〜 196 頁 2003 年

019

東京地裁平成13年9月5日判決［28062410］
◆判時1773号104頁 / 判タ1070号77頁
〔一部認容、一部棄却〕

認定額	500万円

被害者	女性アナウンサー
侵害態様	以前の勤務先に関する週刊誌記事
判決要旨	週刊誌にテレビ局の女性アナウンサーが学生時代ランジェリーパブに勤務していたことを記載した記事が掲載され、同女性アナウンサーの名誉が毀損された事案につき、本件名誉毀損行為の悪質性等一切の事情を考慮して、500万円の慰謝料が認められた事例。
評釈	▶判例タイムズ1070号29～93頁2001年

I 名誉毀損

020

東京地裁平成7年3月14日判決 [27826997]
◆判時1552号90頁/判タ872号298頁
〔一部認容、一部棄却〕

認定額	500万円

被害者	石油関連企業名誉会長
侵害態様	インサイダー取引疑惑等に関する月刊誌記事
判決要旨	石油業界の有力企業の社長の職を退き名誉会長となった者が、社長をつとめていた会社の親会社からインサイダー取引の疑いがかけられており、それが社長退任の理由となった旨の記事及び同人に家庭問題があった旨の記事が月刊誌に掲載されて同人の名誉が毀損された事案につき、本件記事は経済界にしかるべき情報伝達力を有する月刊誌に掲載されたものであること、同人の社会的地位、裏付けとして収集した証拠のずさんさ、記事掲載の態様等諸般の事情を考慮して、500万円の慰謝料請求と謝罪広告の掲載を認めた事例。

021

東京地裁平成27年5月27日判決［28232494］
◆判時2279号45頁
〔一部認容、一部棄却〕

認定額	400万円

被害者	参議院議員選挙立候補予定者
侵害態様	暴力団員との交際に関する週刊誌及びWEBサイト記事
判決要旨	週刊誌及びそのWEBサイトに、参議院議員選挙の立候補予定者が元暴力団組長の愛人であったことがあり、暴力団員との交際を理由に自由民主党の公認を取り消されたという事実を摘示する記事が掲載され、前記立候補予定者の名誉が毀損された事案につき、本件記事の掲載による社会的評価への影響は甚大であること、前記立候補予定者は本件記事により公認を辞退したこと、女子大における講師の職も失ったことその他一切の事情を考慮して、400万円の慰謝料が認められた事例。
上下審	**上告審**：最高裁平成28年11月9日決定［28250360］〔不受理〕 **控訴審**：東京高裁平成28年4月28日判決［28241987］〔原判決一部取消〕

I 名誉毀損

022

東京地裁平成 25 年 8 月 30 日判決 [28213285]
◆判時 2212 号 52 頁
〔一部認容、一部棄却〕

認定額	本人 400 万円 実妹 100 万円

被害者	著名作家、その実妹
侵害態様	グリコ森永事件犯人に関する週刊誌記事
判決要旨	仮名を用いてグリコ森永事件を報じた週刊誌の連載記事により、犯人とされた著名作家及びその実妹の名誉が毀損された事案につき、グリコ森永事件の重大性とこれに対する社会的関心の強さ、本件記事が連載された週刊誌の発行部数、本件著名作家は反論を広く発信することができる立場にあり、現に反論が雑誌や新聞で取り上げられたこと、その他一切の事情を考慮して、著名作家には400万円、その実妹には100万円の慰謝料が認められた事例。
上下審	**控訴審**：東京高裁平成 25 年 12 月 25 日判決 [28220294]〔控訴棄却〕

023

東京地裁平成 23 年 11 月 16 日判決　[28212111]
◆判タ 1388 号 244 頁
〔一部認容、一部棄却〕

認定額	① 400 万円 ② 100 万円
被害者	参議院議員
侵害態様	①不正事件関与等に関する週刊誌記事 ②政治資金に関する週刊誌記事
判決要旨	参議院議員が、厚生労働省の局長らが関与したとして起訴された郵便不正事件に関与していた（本件記事①）、政治資金パーティーを開催したにもかかわらず政治資金管理団体の収支報告書にその記載がない（本件記事②）旨の週刊誌記事により、前記参議院議員の名誉が毀損された事案につき、本件週刊誌が著名な全国紙であり多数の読者に閲覧されたであろうこと、本件記事①については無罪判決の言渡しにより、社会的評価の低下はある程度回復されていること等一切の事情を考慮して、本件記事①については 400 万円、本件記事②については 100 万円の慰謝料が認められた事例。

I 名誉毀損

024

東京地裁平成 26 年 3 月 4 日判決［28223254］
◆判時 2225 号 83 頁
〔一部認容、一部棄却〕

認定額	新聞社代表取締役 300 万円 女性デスク 200 万円
被害者	新聞社代表取締役、女性デスク
侵害態様	新聞社の人事に関する週刊誌記事
判決要旨	1　我が国を代表する経済新聞社の代表取締役が男女関係に基づいて女性を本社の経済部総合デスクに抜擢した等の事実を摘示する週刊誌記事及び WEB 記事により、前記代表取締役の名誉が毀損された事案につき、本件記事の掲載は前記代表取締役の社会的評価を著しく低下させるものであること、事前の取材に対し調査を尽くさないまま憶測記事を書かないよう強く求めたにもかかわらず本件記事が掲載されたこと、名誉回復処分（謝罪広告の掲載）が認められること等を総合的に勘案して、300 万円の慰謝料が認められた事例。 2　前記事案につき、本社経済部統合デスクへの登用等が自身の本来の能力に見合わない、代表取締役との男女関係に基づく情実人事として行われたものであるかのような本件記事の掲載により、前記女性デスクはその能力、キャリアに対する評価を大きく低下させられたことを考慮して、200 万円の慰謝料が認められた事例。
上下審	控訴審：東京高裁平成 26 年 7 月 18 日判決［28223255］〔控訴棄却〕

025

東京高裁平成 22 年 3 月 17 日判決［28173998］
◆判時 2118 号 37 頁
〔原判決一部変更〕

認定額	300 万円

被害者	元横綱
侵害態様	大相撲の八百長に関する週刊誌記事
判決要旨	大相撲の元横綱が八百長をしていたとの週刊誌記事により、元横綱の名誉が毀損された事案につき、元横綱の横綱としての社会的評価は高く堅固なものであり、大衆週刊誌記事程度で簡単に崩れ落ちるものではないこと、本判決が言い渡されてその内容が新聞各紙等で報道され、取消広告も掲載されれば、侵害された名誉も相当程度回復すると予測されること等一切の事情を考慮して、300 万円の慰謝料が認められた事例。
上下審	第一審：東京地裁平成 21 年 3 月 5 日判決／判時 2038 号 71 頁［28151446］〔一部認容、一部棄却〕

I 名誉毀損

026

東京地裁平成21年11月9日判決［28161598］
◆判タ1321号149頁
〔一部認容、一部棄却〕

認定額	300万円

被害者	元横綱
侵害態様	大相撲の八百長に関する週刊誌記事
判決要旨	元横綱であり本件記事掲載当時相撲協会の理事長を務めていた者が、八百長の仲介を指示した、自己の地位を保全するために将来有望な力士を政略結婚させた等の趣旨の週刊誌記事により、元横綱の名誉が毀損された事案につき、同人は一代年寄を認められたほどの大横綱であり、本件記事によって多大な損害を被ったこと、八百長の仲介を指示した人物を同人であると断定していないことなど、一切の事情を考慮して、300万円の慰謝料が認められた事例。

027

東京地裁平成21年2月4日判決［28150955］
◆判時2033号3頁／判タ1299号261頁
〔一部認容、一部棄却〕

認定額	元横綱 300万円 妻　　75万円

被害者	元横綱、その妻
侵害態様	家族問題、暴力団との関係、八百長相撲等の週刊誌記事
判決要旨	大相撲の元横綱とその妻について、父や兄との確執、暴力団との関わり、八百長相撲などの内容を掲載した週刊誌記事により、元横綱及びその妻の名誉が毀損された事案につき、元横綱及びその妻が多大な精神的苦痛を被ったこと、その他諸般の事情を考慮して、元横綱については300万円、その妻については75万円の慰謝料が認められた事例。
上下審	控訴審：東京高裁平成23年7月28日判決［28173822］〔原判決変更〕
評　釈	▶山田健太・月刊民放39巻4号22頁2009年 ▶弥永真生・ジュリスト1379号52頁2009年 ▶山崎哲央・季刊事業再生と債権管理23巻2号155頁2009年 ▶加賀譲治・創価法学39巻2号151頁2009年 ▶梅村悠・ジュリスト1428号126頁2011年 ▶山田晴子・企業不祥事判例にみる役員の責任（別冊金融・商事判例）138頁2012年 ▶荒達也・会社法判例百選〈第3版〉（別冊ジュリスト229）225頁2016年

»1 雑誌

I　名誉毀損

028

東京地裁平成 19 年 4 月 11 日判決　[28131326]
◆判時 1993 号 24 頁 / 判タ 1238 号 151 頁
〔一部認容、一部棄却〕

認定額	元代表取締役 300 万円 元常務取締役 130 万円
被害者	新聞社元代表取締役、元常務取締役
侵害態様	週刊誌に掲載されたモデル小説
判決要旨	1　新聞社の経営に係るモデル小説により、新聞社の元代表取締役及び常務取締役の名誉が毀損された事案につき、本件小説は日本有数の週刊誌に連載され、単行本化されて多くの読者に読まれたこと、フィクションであるとの断り書きがあること、元代表取締役は日本国内に広く知られた人物であり、元常務取締役よりモデルを特定される可能性が高く、また、名誉毀損に当たる記述もより多いこと等諸般の事情を考慮して、元代表取締役には 300 万円、元常務取締役には 130 万円の慰謝料が認められた事例。 2　前記事案につき、名誉毀損による損害額の算定に当たって、名誉毀損行為の態様及び被害の程度として、週刊誌の発行部数、連載回数等が考慮されることは当然であるが、加害者が得た経済的利益をことさら重視して判断することは相当でないとされた事例。

029	東京地裁平成18年11月7日判決［28132235］ ◆判時1994号69頁／判タ1249号156頁 〔一部認容、一部棄却〕

認定額	法人 300万円 会長 200万円
被害者	障害者スポーツ振興関係法人、会長
侵害態様	法人会長の差別発言、法人の不正経理等の週刊誌記事
判決要旨	障害者スポーツ振興を目的とする法人の会長が障害者に対して差別的発言をした、前記法人が不正経理を行っている等の週刊誌記事により、同会長及び同法人の名誉が毀損された事案につき、本件週刊誌は発行部数全国第2位の総合週刊誌で、その影響力が相当大きいこと、本件記事を根拠に衆議院決算行政監視委員会で質問が行われたこと、謝罪広告によって社会的評価が相当程度回復されること等、諸般の事情を考慮して、法人については300万円、会長については200万円の慰謝料が認められた事例。

I 名誉毀損

030

大阪高裁平成18年6月14日判決［28130249］
◆判時1950号94頁
〔控訴棄却〕

認定額	300万円

被害者	弁護士
侵害態様	週刊誌記事における不適切な表現
判決要旨	「『裸婦画はセクハラ』と取り外しを要求した無粋な女性弁護士」との見出しの週刊誌記事により、前記女性弁護士の名誉が毀損された事案につき、本件記事の表現や構成の態様、それによる名誉毀損行為の違法性の程度、前記女性弁護士の被害の程度、本件週刊誌発行会社が得ている利益その他一切の事情を総合して、300万円の慰謝料が認められた事例。
上下審	第一審：【033】京都地裁平成17年10月18日判決／判時1916号122頁［28102287］〔一部認容、一部棄却〕

031

東京地裁平成17年11月11日判決 ［28130815］
◆判タ1230号243頁
〔一部認容、一部棄却〕

認定額	300万円

被害者	首相秘書官
侵害態様	官房長を辞任に追い込んだとする週刊誌記事
判決要旨	首相秘書官が、官房長官の国民年金未納に関する情報を自己の立場を利用して入手したうえで、他の週刊誌を発行する会社にリークし、官房長官を辞任に追い込んだとの週刊誌記事により前記秘書官の名誉が毀損された事案につき、本件記事の記載内容、掲載態様、本件記事が掲載された媒体の種類、頒布方法、前記秘書官の社会的地位等を総合考慮して、300万円の慰謝料が認められた事例。

I　名誉毀損

032

東京高裁平成 17 年 11 月 9 日判決　[28131127]
◆判タ 1236 号 278 頁
〔変更〕

認定額	病院 300 万円 医師 200 万円

被害者	病院、医師
侵害態様	医療ミス記者会見に関する新聞記事
判決要旨	大学病院の医師が、下顎骨骨折の手術に手術ミスがあり、執刀医も教授も事故を隠蔽したとの事実を記者会見で発表し、テレビ番組に出演して述べたため、前記事実が新聞報道されテレビ番組が放映されて病院及び執刀医の名誉が毀損された事案につき、大学及び執刀医の名誉が著しく毀損されたこと、報道機関により真実に反する報道がされたことが被害拡大の大きな原因であること等を考慮して、病院については 300 万円、執刀医については 200 万円の慰謝料が認められた事例。
上下審	**第一審**：東京地裁平成 16 年 7 月 26 日判決／判時 1886 号 65 頁／判タ 1168 号 191 頁 [28100344]〔棄却〕

033

京都地裁平成 17 年 10 月 18 日判決［28102287］
◆判時 1916 号 122 頁
〔一部認容、一部棄却〕

» 1 雑誌

認定額	300 万円

被害者	弁護士
侵害態様	週刊誌記事における不適切な表現
判決要旨	旧弁護士会館に飾られていた裸婦画の新弁護士会館への展示の是非をめぐる議論について、「『裸婦画はセクハラ』と取り外しを要求した無粋な女性弁護士」等の見出しを付けて、女性弁護士の実名をあげ顔写真も掲載した週刊誌記事により、同弁護士の名誉が毀損された事案につき、本件記事執筆行為の違法性は軽くないこと、本件記事は全国に広く流布されたこと、記事を契機として懲戒申立てがされたこと等一切の事情を考慮して、300 万円の慰謝料が認められた事例。
上下審	控訴審：【030】大阪高裁平成 18 年 6 月 14 日判決 / 判時 1950 号 94 頁［28130249］〔控訴棄却〕

I 名誉毀損

034

東京地裁平成16年3月22日判決［28101379］
◆判タ1180号248頁
〔一部認容、一部棄却〕

認定額	300万円

被害者	宝石鑑定等を業とする会社
侵害態様	宝石鑑定会社による鑑定を「インチキ」と報じた週刊誌記事
判決要旨	「組織的『インチキ表示』発覚」との大見出しで宝石の鑑別等を業とする会社のダイヤモンド鑑定書を「インチキ」と断ずる週刊誌記事により、前記会社の名誉が毀損された事案につき、本件週刊誌が全国的に多くの読者を有し信用性の高い雑誌とみられていること、鑑定内容に対する世間一般の信用を営業活動のよりどころとする前記会社には大きな打撃となったこと等諸般の事情を考慮して、300万円の損害賠償が認められた事例。

035

東京地裁平成 15 年 7 月 25 日判決［28082430］
◆判タ 1156 号 185 頁
〔一部認容、一部棄却〕

認定額	①代表取締役 200 万円 会　　社 100 万円 ②代表取締役 300 万円

被 害 者	電気通信事業等を営む会社、代表取締役
侵害態様	①代表取締役の株価操作疑惑に関する週刊誌記事 ②関係企業を使った風俗店買収に関する週刊誌記事及び無断で代表取締役の写真を掲載
判決要旨	1　電気通信事業等を営む会社の代表取締役が、会社の株価を人為的に操作した疑いがあるという内容の週刊誌記事が、同代表取締役と会社に対する名誉毀損に当たるとされた事案で、同代表取締役に対して 200 万円、会社に対して 100 万円の慰謝料が認められた事例。 2　電気通信事業等を営む会社の代表取締役が、関係企業を使ってソープランドを買収したとの印象を与える週刊誌記事の内容が名誉毀損に当たり、同人の承諾なしに写真を掲載したことが肖像権侵害に当たるとされた事案で、同代表取締役に対して 300 万円の慰謝料が認められた事例。

I 名誉毀損

036

東京地裁平成13年7月30日判決 [28081547]
◆判タ1118号182頁
〔一部認容、一部棄却〕

認定額	300万円

被害者	エイズ研究班班長であった医師
侵害態様	エイズ研究班班長を殺人被疑者と断じた週刊誌記事
判決要旨	エイズ研究班の班長をしていた医師を「殺人被疑者」と断じる記事が週刊誌に掲載されたことにより、同医師の名誉ないし名誉感情が毀損された事案につき、本件誹謗中傷の程度はかなり大きなものであること、本件週刊誌は約60万部の実売部数を維持する伝播力の大きいものであること、本件記事は非加熱製剤の使用によりエイズウイルスに感染した血友病患者の実情を明らかにする等公益目的、公共性がある内容のものであること等諸般の事情を考慮して、300万円の慰謝料が認められた事例。

037

大阪地裁平成13年7月16日判決 [28071073]
◆判時1779号62頁／判タ1106号148頁
〔一部認容、一部棄却〕

認定額	大学副学長 300万円 学 校 法 人 200万円

被害者	大学副学長、学校法人
侵害態様	副学長が北朝鮮の大物スパイとする週刊誌記事
判決要旨	1　大学の副学長が北朝鮮の大物スパイである等の記事が週刊誌に掲載され、同副学長及び大学の名誉が毀損された事案につき、名誉毀損の程度、副学長としての地位、同週刊誌の販売規模、全国紙の広告や吊り広告に本件記事のタイトル部分が顔写真と共に掲載され、身の安全を期するために一時公用車での送迎を余儀なくされたこと、真実と認められる部分が一部あることその他諸般の事情を考慮して、同副学長に300万円の慰謝料が認められた事例。 2　同事案につき、大学の運営が本件記事により相当の影響を受けたこと、大学に関する記事はそれ自体大学の名誉を毀損するものではあっても、同副学長をスパイと断ずるなかで付随的に記載されたものであることその他諸般の事情を考慮して、同大学を経営する法人に200万円の無形損害が認められた事例。

038

東京地裁平成 10 年 11 月 16 日判決　[28052332]
◆判タ 1039 号 165 頁
〔一部認容、一部棄却〕

認定額	300 万円

被害者	元大蔵省審議官
侵害態様	不正融資事件に関する週刊誌記事
判決要旨	大蔵省審議官が、銀行の不正融資事件に関与した者らのグループと特別の関係にあり、金銭的利益を得たり、不相当な接待を受けているほか、自分に不利な記事のもみ消し工作をした等の週刊誌記事により同人の名誉が毀損された事案につき、300 万円の慰謝料が認められた事例。

039

東京地裁平成 21 年 8 月 28 日判決 ［28160703］
◆判タ 1316 号 202 頁
〔一部認容、一部棄却〕

認定額	200 万円

被害者	芸能人
侵害態様	反道徳的行動を行っている旨の週刊誌記事
判決要旨	1　週刊誌記事で、芸能人が過去の交際相手に多額の慰謝料の支払を求め、その支払を受けてもこれに飽き足らず、再度慰謝料の支払を求めるなどしたことを理屈の通らない奇妙なことと論評したことは、反道徳的行動に出た非常識な人物であるとの印象を与えるものといえ、社会的評価を低下させるもので不法行為を構成するとされた事例。 2　前記事案で、社会一般の読者からすれば、一覧した後は関心等が次第に薄れていく性質のものとみうることなどの事情を考慮すると、損害回復の手段として、謝罪広告の掲載まで必要であるとは認められないとされた事例。 3　前記事案で、取材経過も一方的で、発行部数が毎週数十万部に及び、電車の中吊り広告及び新聞広告などにも掲載していることなど一切の事情を考慮すると精神的苦痛に対する慰謝料として 200 万円が相当とされた事例。

040

東京地裁平成21年4月15日判決［28153073］
◆判タ1303号180頁
〔一部認容、一部棄却〕

認定額	200万円

被害者	著名陸上競技選手
侵害態様	詐欺事件関与に関する週刊誌の電車中吊り広告・新聞広告見出し
判決要旨	著名な陸上競技選手について、「詐欺の片棒を担いだ」と告訴される「甲野太郎」と記載された本件中吊り広告見出し及び新聞広告見出しにより同選手の名誉が毀損された事案につき、摘示された事実の内容、被害者の社会的地位、北京五輪の選考を控えた時期であったこと、広告出演契約が打ち切られる等の不利益を受ける一因となったこと、その他一切の事情を考慮して、200万円の慰謝料が認められた事例。

041

神戸地裁尼崎支部平成 20 年 11 月 13 日判決
[28151261]
◆判時 2035 号 122 頁
〔一部認容、一部棄却〕

認定額	200 万円

被害者	国会議員
侵害態様	国会議員の出自等に関する月刊誌記事
判決要旨	元政党党首で衆議院議長も務めた著名政治家が北朝鮮出身であり、本名が朝鮮人と思しきものであることを摘示して、一般読者に、そのために同人の所属する政党の北朝鮮による日本人拉致事件に対する対応が十分でなかったとの印象を与える月刊誌記事により同人の名誉が毀損されるとともにその名誉感情や人格的利益が侵害された事案につき、前記政治家の社会的地位、本件記載は全くの虚偽であること等諸般の事情を総合して、200 万円の慰謝料が認められた事例。

I 名誉毀損

042

東京地裁平成 19 年 1 月 23 日判決 ［28132448］
◆判時 1982 号 115 頁
〔一部認容、一部棄却〕

認定額	計 200 万円

被 害 者	刑事事件被告
侵害態様	殺人事件に関する週刊誌記事及び書籍内容
判決要旨	殺人・死体遺棄被告事件において無罪を主張していた被告に関する週刊誌記事及び書籍における、前記被告が放火事件・窃盗事件の犯人であることを印象づける記述により前記被告の名誉が毀損された事案につき、放火事件・窃盗事件についての記述はわずかであること、その表現は間接的ないしえん曲なものであること、雑誌及び書籍という異なる出版物として全国的に発行され、発行部数も多いこと等の事情を考慮して、雑誌・書籍を合わせて 200 万円の慰謝料が認められた事例。

043

東京地裁平成 15 年 6 月 30 日判決 [28082655]
◆判タ 1196 号 130 頁
〔一部認容、一部棄却〕

認定額	計 200 万円

被害者	イタリア人男性
侵害態様	イタリアでの事件の実行犯が不正に日本国籍を取得しようとしている旨の雑誌等の記事
判決要旨	イタリアで多数の死傷者を出した「フォンターナ事件」において爆弾を仕掛けた実行犯が、法の裁きを免れるために日本にやって来て不正に日本国籍を取得し潜伏している等の新聞記事及び雑誌記事により、記事の対象となった者の名誉が毀損された事案につき、各雑誌の発行部数、同人がフォンターナ事件の実行犯として国際指名手配されていること、イタリア裁判所に起訴されていること等諸般の事情を考慮して、各記事についてそれぞれ 100 万円、50 万円、30 万円、20 万円の慰謝料が認められた事例。

I 名誉毀損

044

東京高裁平成 27 年 7 月 8 日判決 ［28241636］
◆判時 2285 号 54 頁
〔控訴棄却、附帯控訴原判決変更〕

認定額	150 万円

被害者	弁護士・法務大臣
侵害態様	不正行為疑惑に関する週刊誌記事
判決要旨	弁護士であり法務大臣である者が破産会社と共謀して虚偽の多額の弁護士報酬債権を届け出たとの週刊誌記事により、同人の名誉が毀損された事案につき、同人の職業、高額な弁護士報酬について事前に契約書を作っていなかったなど疑念を抱かれる事情が全くなかったとまではいえないこと、本件記事が疑惑報道としてなるべく断定的な表現を避けるよう一応の配慮がされていることなどの事情を考慮して、150 万円の慰謝料を認めた第一審の判断が維持された事例。
上下審	第一審：東京地裁平成 27 年 1 月 29 日判決／判時 2285 号 58 頁 ［28241637］〔一部認容、一部棄却〕

045

東京地裁平成26年9月26日判決［28230841］
◆判時2244号55頁
〔一部認容、一部棄却〕

認定額	150万円

被害者	幼稚園職員
侵害態様	園児虐待に関する週刊誌記事
判決要旨	幼稚園の職員が幼稚園において園児を虐待しているという事実を摘示する週刊誌記事により、前記職員の名誉が毀損された事案につき、本件記事の内容、本件週刊誌の平均発行部数（約72万部）、前記職員の特定可能性等を総合考慮して、150万円の慰謝料が認められた事例。
上下審	控訴審：東京高裁平成27年6月29日判決／判時2287号45頁［28232863］〔原判決一部取消〕

I 名誉毀損

046

東京地裁平成 14 年 10 月 15 日判決 ［28080047］
◆判タ 1160 号 273 頁
〔一部認容、一部棄却〕

認定額	計 150 万円
被害者	化粧品会社、社長
侵害態様	セクハラに関する週刊誌記事
判決要旨	週刊誌の記事による名誉毀損を理由として化粧品会社とその社長が損害賠償を請求した事案において、両者が総額 10 億円という巨額な損害を主張しておきながら、裁判所の決定を無視して正当な理由なく出廷しないこと、及び記事の多くの部分が違法性を欠くものであることを考慮して、総額 150 万円の慰謝料と 20 万円の弁護士費用が損害として認められた事例。
評　釈	▶樋口正樹・平成 16 年度主要民事判例解説（判例タイムズ臨時増刊 1184）198 〜 199 頁 2005 年

047

東京地裁平成 12 年 5 月 31 日判決［28060424］
◆判時 1733 号 50 頁
〔一部認容、一部棄却〕

認定額	150 万円

被 害 者	フランチャイザー
侵害態様	経営を批判する月刊誌記事
判決要旨	「『セブン-イレブン商法』残酷物語」との見出しの下に、コンビニエンスストア・チェーン事業を展開するフランチャイザーを批判する月刊誌記事により、フランチャイザーの名誉が毀損された事案につき、本件記事は業界ナンバーワンの企業に対するいくつかの観点からの批判になっていること、殊更に虚偽の事実を摘示したものとまではいえないこと、前記フランチャイザーの社会的信用に対するダメージもさほど甚大ではないこと等諸般の事情を考慮して、150 万円の慰謝料が認められた事例。
評　　釈	▶鬼塚賢太郎・法令ニュース 36 巻 5 号 35 〜 37 頁 2001 年

I　名誉毀損

048

東京地裁平成7年7月26日判決［28010277］
◆判時1558号45頁／判タ908号200頁
〔一部認容・一部棄却〕

| 認定額 | 計150万円 |

被害者	元会社社長
侵害態様	業務上横領事件を取り上げた雑誌記事
判決要旨	元会社社長の業務上横領事件を取り上げた刑法学者の雑誌記事及び著書により同人の名誉が毀損された事案につき、同著書が刊行された当時第一審で有罪判決を受け同人の社会的評価はある程度低下していたこと、後に控訴審で無罪判決を得て社会的評価は一定限度で回復したこと、雑誌記事については既に同紙面上で訂正謝罪が行われていること、著書については控訴審判決前に刊行されたものであること、在庫品の出庫停止・回収及び今後増刷しないことを約束したこと等を考慮して、雑誌記事については120万円、著書については30万円の慰謝料が認められた事例。
上下審	上告審：最高裁平成11年10月26日判決／民集53巻7号1313頁／判時1692号59頁／判タ1016号80頁［28042455］〔一部破棄差戻、一部棄却〕 控訴審：東京高裁平成8年10月30日判決／民集53巻7号1397頁［28050933］〔原判決変更〕

049

東京高裁平成 17 年 5 月 31 日判決 ［28131639］
◆判時 1968 号 139 頁
〔変更〕

認定額	120 万円

被害者	国会議員
侵害態様	脱税疑惑に関する週刊誌記事
判決要旨	国務大臣であった国会議員に税金逃れの疑惑があるとの写真週刊誌記事により、同国会議員の名誉が毀損された事案につき、被害者は、個人としての名声等の人格的価値だけでなく、国務大臣としての適格性を損なわれ、社会的評価が低下したこと、本件雑誌は全国的に販売され被害者の損害は小さくないこと、被害者が自ら懇切に説明し積極的に解明するよう努めていないこと等の事情を考慮して、120 万円の慰謝料が認められた事例。
上下審	**第一審**：東京地裁平成 16 年 9 月 14 日判決 ［28171145］

I 名誉毀損

050

東京高裁平成 26 年 6 月 26 日判決［28223000］
◆判時 2239 号 64 頁
〔取消自判〕

認定額	100 万円

被害者	新聞社
侵害態様	新聞社が捜査機関の意向を忖度したとする週刊誌記事
判決要旨	日本でも最大の発行部数を数える新聞社が捜査機関の意向を忖度して積極的に捜査機関に協力して「2ちゃんねる」を潰そうとしている等の事実を摘示し、表現の自由に鈍感である等の論評を掲載する週刊誌記事により、前記新聞社の名誉が毀損された事案につき、本件記事は社会通念上看過することのできない名誉毀損ではあるが、本件記事の掲載によって新聞社に具体的な業務上の支障は出ていないことなど一切の事情を考慮して、100 万円の慰謝料が認められた事例。
上下審	**第一審**：東京地裁平成 25 年 12 月 13 日判決／判時 2239 号 71 頁〔28222334〕〔棄却〕

051

東京地裁平成20年12月25日判決［28150957］
◆判時2033号26頁
〔一部認容、一部棄却〕

認定額	各100万円

被害者	会社、会長
侵害態様	週刊誌表紙、広告においてA会長と731部隊を関係づけるような見出し
判決要旨	「社史から『消えた』創業者　○○株式会社　A会長と七三一部隊」等の記載のある週刊誌の表紙及び広告により、対象とされた会社及び会長の名誉が毀損された事案につき、本件表紙及び広告の記載が与えた打撃の深刻さ、読者の興味を惹くためにあえて表紙や広告に本件記載がされたこと、読者の側でも雑誌の表紙や広告には誇張等が含まれていることをある程度理解していること等諸般の事情を考慮して、前記会社及び会長に各100万円の慰謝料が認められた事例。
上下審	控訴審：東京高裁平成21年7月15日判決／判時2057号21頁［28160020］〔変更〕

》1 雑誌

I 名誉毀損

052

東京地裁平成 14 年 3 月 13 日判決 [28071546]
◆判時 1781 号 111 頁
〔一部認容、一部棄却〕

認定額	100 万円

被害者	最大手消費者金融会社
侵害態様	企業体質を暴露する月刊誌記事
判決要旨	最大手消費者金融会社の企業体質を暴露する月刊誌記事によって、金融会社の名誉が毀損された事案につき、本件月刊誌が発行部数約 7000 部の総合的情報誌であり、読者が企業経営者・マスコミ・政治家・役所等であること、右金融会社が東証一部上場企業であること、他の出版社によって金融会社に関する記事が掲載され、株価が急落した時期に本件記事が掲載されたこと、本件記事による社会的評価の低下は深刻な程度に至っていないこと等一切の事情を考慮して、100 万円の損害賠償が認められた事例。

053

東京高裁平成 12 年 12 月 28 日判決 ［28061671］
◆判時 1750 号 103 頁
〔控訴棄却〕

認定額	100 万円

被 害 者	元総理大臣の孫
侵害態様	経営者としての適性を疑わせる週刊誌記事
判決要旨	週刊誌に「元首相の遺産を食い潰す『孫』の不行跡」とのタイトルのもとに元総理大臣の孫である企業経営者について記載した記事が掲載され、右企業経営者の名誉が毀損され、名誉感情が侵害された事案につき、本件記事を掲載した週刊誌は全国で販売されていること、本件記事は見開き 2 頁にわたるものであること、本件タイトルは新聞広告・電車の車内広告にも掲載されたこと、その他諸般の事情を考慮して、100 万円の慰謝料を認めた原審の判断が維持された事例。
上 下 審	**第一審**：東京地裁平成 12 年 8 月 24 日判決／判時 1750 号 107 頁 ［28061672］〔一部認容、一部棄却〕

I 名誉毀損

054

東京高裁平成10年11月16日判決 ［28040804］
◆判時1664号63頁
〔一部変更、一部控訴棄却〕

認定額	100万円

被害者	宗教法人
侵害態様	教祖と元信者とのトラブルに関する写真週刊誌記事
判決要旨	出版関係をめぐって宗教法人と紛争が生じ、互いに弁護士を委任して対立関係にあった元信者が、教祖に利用されて切り捨てられたとの記事が写真週刊誌に掲載されて同宗教法人の名誉が毀損された事案につき、100万円の慰謝料が認められた事例。
上下審	第一審：東京地裁平成9年4月25日判決［28172689］
評　釈	▶樫見由美子・メディア判例百選（別冊ジュリスト179）66～67頁 2005年

055

東京高裁平成10年1月28日判決 [28033074]
◆判時1647号101頁 / 判タ1001号183頁
〔変更〕

認定額	100万円

被害者	有名芸能人
侵害態様	高級クラブのママとの風説を掲載した週刊誌記事
判決要旨	高級クラブのママが有名芸能人の子を宿して店を閉店したとの風説があるとする週刊誌の記事及び広告により、同芸能人の名誉が毀損された事案につき、諸般の事情を考慮して100万円の慰謝料が認められた事例。
上下審	第一審：東京地裁平成8年10月18日判決 [28172783]
評釈	▶大石泰彦・判例評論482号（判例時報1664）183〜186頁 1999年

I　名誉毀損

056

東京地裁平成8年9月30日判決　[28021150]
◆判タ939号184頁
〔一部認容〕

認定額	100万円

被害者	元大統領夫人
侵害態様	チャリティ偽装に関する週刊誌記事
判決要旨	元大統領夫人が「財欠」によりチャリティを偽装して寄付金を集め、それを勝手に引き出している疑いがある等の週刊誌記事により、同人の名誉が毀損された事案につき、本件記事によって国際アドバイザー契約、講演契約、国連環境計画親善大使の内定等が取り消されたこと、本件記事に関しては見出し部分についてのみ不法行為が成立すること等諸般の事情を考慮して、100万円の慰謝料が認められた事例。
上下審	**控訴審**：東京高裁平成9年8月27日判決／判時1648号68頁［28033130］〔一部取消〕

057

東京地裁平成 8 年 7 月 30 日判決［28020816］
◆判時 1595 号 96 頁／判タ 935 号 166 頁
〔一部認容、一部棄却〕

認定額	100 万円

被 害 者	衆議院議員
侵害態様	政務次官就任に係る疑惑に関する週刊誌記事
判決要旨	衆議院議員が、出身選挙区の減員問題や破産を申し立てられるような債務問題を抱えて危機感にかられ、これらの問題を解決するために建設政務次官という利権を伴う地位に強引に就いた等の印象を一般読者に与える週刊誌記事により同人の名誉が毀損された事案につき、本件各記事は衆議院解散と噂される年に掲載され、記事の内容が対立候補に利用されたこと、本件各記事によって同人が落選したと認めるに足りる証拠がないこと等諸般の事情を考慮して、100 万円の慰謝料が認められた事例。
上 下 審	控訴審：東京高裁平成 9 年 10 月 16 日判決／判時 1650 号 83 頁／判タ 994 号 215 頁［28033306］〔取消・棄却〕

I 名誉毀損

058

東京高裁平成18年10月18日判決 ［28112522］
◆判時1946号48頁
〔一部変更、一部控訴棄却〕

認定額	90万円

被害者	新聞社社長
侵害態様	週刊誌記事における不適切な表現
判決要旨	新聞社社長の拉致事件を報じる週刊誌記事の広告に「ホモ写真」という表現が用いられたことにより同社長の名誉が毀損された事案につき、同社長は広告を見た者に同性愛を愛好する者であるとの印象ないし疑惑をもたれたこと、これにより受けた精神的損害は犯行の加害者らが強要の手段として加えた被害と同性質のものであること、本件広告は数百万単位の者が見たと推認されること、その他諸般の事情を考慮して、90万円の慰謝料が認められた事例。
上下審	第一審：東京地裁平成18年1月18日判決／判時1946号55頁［28112523］〔棄却〕
評　釈	▶池端忠司・判例評論581号（判時1965）176頁2007年 ▶塩崎勤・法政法科大学院紀要3巻1号127頁2007年

059

東京地裁平成10年3月30日判決 [28033459]
◆判時1652号89頁
〔一部認容、一部棄却〕

認定額	50万円

被害者	大蔵省官僚
侵害態様	大蔵省官僚と金融機関の癒着に関する写真週刊誌記事
判決要旨	大蔵省の高級官僚が乱脈融資により経営が破綻した信用組合の元理事長から接待漬けにされたとの写真週刊誌の記事により同高級官僚の名誉が毀損された事案につき、同高級官僚が個人的・社会的生活に不利益を受けたこと、本件記事は興味本位に個人攻撃をしたものでなく、当時社会問題化しつつあった大蔵省と金融機関の癒着に対する批判と問題提起等を意図したものであったことその他一切の事情を考慮して、50万円の慰謝料が認められた事例。

060

東京高裁平成 7 年 10 月 30 日判決［28010215］
◆判時 1557 号 79 頁 / 判タ 915 号 206 頁
〔控訴棄却、新請求一部認容〕

認定額	各 25 万円
被害者	宗教法人の信者である小説家及び俳優
侵害態様	宗教法人を誹謗・中傷する雑誌記事で、信者の実名・顔写真を掲載
判決要旨	宗教法人及びその代表者（本尊）を誹謗・中傷する雑誌記事において、その見出しで実名をあげて非難され顔写真も掲載されたことにより、信者である小説家及び俳優の名誉が毀損された事案につき、同記事の同人らが嘘ばかりつくという部分は、それ自体としてはやや具体性を欠いており、また同記事全体を読んでも上記部分の具体的根拠といえるような記述がないこと等を考慮して、各自 25 万円の慰謝料が認められた事例。
上下審	**第一審**：東京地裁平成 5 年 5 月 21 日判決 / 判時 1480 号 123 頁 / 判タ 834 号 142 頁［27817348］〔請求棄却〕

061

大阪高裁平成 19 年 12 月 26 日判決［28141503］
◆判時 2004 号 83 頁
〔変更〕

認定額	20 万円

被害者	市長
侵害態様	週刊誌記事、見出し、広告中での不適切な表現
判決要旨	週刊誌記事、その見出し及び広告中の「バカ市長」等の表現により市長の名誉が毀損された事案につき、本件記事等は公共の利害に関する事実に係り、かつその目的が専ら公益を図ることにあったこと、前記意見ないし論評の前提としている事実は真実であるが、意見ないし論評の域を逸脱しているために名誉毀損の不法行為が成立するものであること、その逸脱の程度、その他一切の事情を総合して、20 万円の慰謝料が認められた事例。
上下審	第一審：大津地裁平成 19 年 7 月 19 日決定／判時 2004 号 90 頁 ［28141504］〔棄却〕
評釈	▶山田健太・月刊民放 38 巻 9 号 22 頁 2008 年

Ⅰ　名誉毀損

062

東京高裁平成 10 年 5 月 28 日判決［28042167］
◆判時 1681 号 104 頁
〔取消〕

認定額	10 万円

被害者	安保共闘の幹部
侵害態様	爆弾事件の犯人と印象づける月刊誌記事
判決要旨	月刊誌及びこれをまとめた単行本に、京浜安保共闘の幹部らによって爆弾事件が引き起こされたとの印象を一般読者に与える記述がなされたことにより幹部の名誉が毀損された事案につき、本件記述は同幹部の具体的な役割を明示しているものではないこと、事件から 25 年経過していること、同幹部の死刑判決確定から約 3 年経過していること等諸般の事情を考慮して、10 万円の慰謝料が認められた事例。
上下審	**第一審**：東京地裁平成 9 年 10 月 31 日判決／判時 1681 号 107 頁［28042962］〔一部認容、一部棄却〕

063

東京高裁平成7年10月16日判決［28020077］
◆判タ923号225頁
〔一部取消〕

認定額	10万円

被害者	自然環境保護団体
侵害態様	組織運営を批判する月刊誌記事
判決要旨	野鳥を中心とする自然環境保護団体の商業主義、独裁的な組織運営のあり方を批判する月刊誌記事により右団体の名誉が毀損された事案につき、本件記事の掲載にもかかわらずなお同団体の自然保護活動に対する社会一般の理解は得られているものと推認される等諸般の事情を考慮して、10万円の損害賠償が認められた事例。
上下審	第一審：東京地裁平成5年10月26日判決／判時1497号92頁／判タ864号229頁［27825108］〔一部認容、一部棄却〕

I 名誉毀損

》2. 新聞

064

大阪地裁平成 24 年 6 月 15 日判決 ［28210022］
◆判時 2166 号 80 頁
〔一部認容、一部棄却〕

認定額	600 万円

被害者	市長
侵害態様	建設会社との談合疑惑に関する新聞記事
判決要旨	市長が談合で逮捕された建設会社関係者から料亭で頻繁に接待を受けていたとの新聞記事により、前記市長の名誉が毀損された事案につき、本件記事による名誉毀損の程度、前記市長が被った精神的苦痛の程度、新聞社が行った取材活動は本件事実摘示を正当化するには到底足りない粗末なものであったこと、前記市長に対して何らかの名誉回復あるいは慰謝の措置をとったとは認められないこと、その他一切の事情を総合して、600 万円の慰謝料が認められた事例。
評　釈	▶山田健太・月刊民放 42 巻 10 号 40 頁 2012 年

065

東京地裁平成 13 年 7 月 18 日判決 ［28062407］
◆判時 1764 号 92 頁 / 判タ 1070 号 36 頁
〔一部認容、一部棄却〕

認定額	500 万円

被 害 者	政権与党幹事長
侵害態様	政治的謀略を行ったという夕刊紙記事
判決要旨	政権与党の幹事長であった国会議員に関し、「それは恐ろしい政治的謀略」などのタイトルの下に、同国会議員が他の政治家のスキャンダルを仕掛けたオオカミ老人であるなどと記載した夕刊紙の記事により、同国会議員の名誉が毀損された事案につき、本件夕刊紙は首都圏を中心として広範囲で発行・頒布されていること、記事の内容の激烈さ、同国会議員の地位その他一切の事情を考慮して、500 万円の慰謝料が認められた事例。
評　　釈	▶判例タイムズ 1070 号 29 ～ 93 頁 2001 年

I　名誉毀損

066

大阪地裁平成22年10月19日判決　[28173932]
◆判時2117号37頁 / 判タ1361号210頁
〔一部認容、一部棄却〕

認定額	250万円

被害者	芸能人
侵害態様	脅迫事件への関与に関するスポーツ新聞記事
判決要旨	警察が大手芸能事務所所属の大物漫才師に対して脅迫状事件の嫌疑を抱き任意の事情聴取をしていること、同人は脅迫状事件への関与を否定していること等を報じるスポーツ新聞の記事により、漫才師の名誉が毀損された事案につき、本件記事によって受けた被害の重大性、芸能人であること、本件記事発表の前日には既に複数の新聞・雑誌によって脅迫状事件が報じられていたこと等諸般の事情を考慮して、250万円の慰謝料が認められた事例。

067

東京地裁平成 20 年 12 月 12 日判決 ［28151445］
◆判時 2038 号 64 頁
〔一部認容、一部棄却〕

認定額	250 万円

被害者	番組制作会社
侵害態様	テレビ番組の放送内容を虚偽情報とする新聞記事
判決要旨	テレビの健康情報番組において放送された、悪玉コレステロールの「手のひら判定」が虚偽の情報であるとする旨の新聞記事により、前記テレビ番組の制作に参加したテレビ番組制作会社の名誉・信用が毀損された事案につき、本件報道により前記会社が受けた無形損害は少なくないこと、前記会社も医学的見解が分かれることがらについて一方の見解のみに依拠して番組を制作したこと等の事実を総合考慮して、250 万円の慰謝料が認められた事例。

I　名誉毀損

068

東京地裁平成 19 年 9 月 18 日判決［28142176］
◆判タ 1279 号 262 頁
〔一部認容、一部棄却〕

認定額	計 250 万円

被害者	大学病院医師
侵害態様	医療ミスに関する新聞記事
判決要旨	大学病院の医師が、心房中隔欠損症及び肺動脈弁狭窄症の手術の際に、心肺装置の吸引ポンプの回転数を上げすぎるというミスを犯し患者を死亡させたという内容の新聞記事により、医師の名誉が毀損された事案につき、本件記事を掲載した各新聞社の発行部数、記事の内容が対象となった医師の専門家としての評価を著しく低下させるものであること、本件報道は公益目的をもってなされた公共性があるものであることなどを総合考量して、新聞社ごとにそれぞれ 100 万円、150 万円の慰謝料が認められた事例。
上下審	上告審：最高裁平成 23 年 4 月 28 日判決／民集 65 巻 3 号 1499 頁／判時 2115 号 50 頁／判タ 1347 号 89 頁［28171663］〔棄却〕 控訴審：東京高裁平成 21 年 7 月 28 日判決／判タ 1304 号 98 頁［28153212］〔一部棄却、一部取消自判〕
評釈	▶山田健太・月刊民放 37 巻 12 号 34 頁 2007 年 ▶加本牧子・平成 20 年度主要民事判例解説（別冊判タ 25）901 頁 2009 年 ▶長尾英彦・憲法論叢 17 号 55 頁 2010 年

069

大阪高裁平成 12 年 12 月 21 日判決 ［28070508］
◆判タ 1080 号 159 頁
〔控訴棄却〕

認定額	計 250 万円

被 害 者	被逮捕者
侵害態様	被逮捕者を別事件の殺人犯とする新聞記事
判決要旨	新聞社 2 社が有印私文書偽造罪等による逮捕が別件逮捕であり、被逮捕者がダイナマイト殺人事件の犯人である等の記事を新聞に掲載して、同人の名誉を毀損した事案につき、それぞれ 50 万円、200 万円の慰謝料の支払を命じた原審の判断が維持された事例。
上 下 審	第一審：【070】大阪地裁平成 11 年 3 月 19 日判決／判時 1730 号 37 頁／判タ 1025 号 176 頁［28051195］〔一部認容、一部棄却〕
評　　釈	▶喜田村洋一・メディア判例百選（別冊ジュリスト 179）58 〜 59 頁 2005 年

I 名誉毀損

070

大阪地裁平成11年3月19日判決［28051195］
◆判時1730号37頁/判タ1025号176頁
〔一部認容、一部棄却〕

認定額 計250万円

被害者	被疑者
侵害態様	被疑者を別事件の殺人犯とする新聞記事
判決要旨	新聞社2社が有印私文書偽造罪等による逮捕が別件逮捕であり、被疑者が実はダイナマイト殺人事件の犯人である等の記事を新聞に掲載して、被疑者の名誉を毀損した事案につき、それぞれ50万円、200万円の慰謝料が認められた事例。
上下審	控訴審：【069】大阪高裁平成12年12月21日判決/判タ1080号159頁［28070508］〔控訴棄却〕

071

東京地裁平成 25 年 12 月 24 日判決 ［28222701］
◆判時 2219 号 81 頁
〔一部認容、一部棄却〕

認定額	200 万円

被害者	女優・タレント
侵害態様	離婚危機に関するスポーツ新聞記事
判決要旨	離婚の危機を報じるスポーツ新聞の見出し及び記事により、円満な夫婦関係を維持継続しながら活動している女優、タレントとして好感度を得て、幅広く芸能活動を行っていた女優の名誉を毀損するとともに、その女優、タレントとしての業務を妨害した事案につき、前記スポーツ新聞の発行部数、女優としての知名度その他一切の事情を考慮して、その被った精神的・経済的損害について 200 万円の損害賠償が認められた事例。
上下審	**控訴審**：東京高裁平成 26 年 10 月 20 日判決［28224349］〔控訴棄却〕

I 名誉毀損

072

東京地裁平成19年12月10日判決　[28140190]
◆判タ1315号190頁
〔認容〕

認定額	代表取締役 200万円 会　　　社 100万円

被害者	会社代表取締役、会社
侵害態様	犯罪捜査に関する新聞記事
判決要旨	日本に永住資格を有するバングラディシュ人及び同人が代表取締役を務める会社が、テロ資金を海外へ送金するための地下組織を営んでいたことがほぼ確実であるとみて警視庁が捜査しているとの印象を一般読者に与える新聞記事により、前記バングラディシュ人及び会社の名誉が毀損された事案につき、本件記事の内容、これが全国紙に掲載され大きく報道されたことなどを考慮して、前記バングラディシュ人に200万円、会社に100万円の損害賠償が認められた事例。

073

札幌地裁平成11年3月1日判決 ［28060339］
◆判タ1047号215頁
〔一部認容〕

認定額	200万円

被害者	市議会議員
侵害態様	金銭要求疑惑に関する新聞記事
判決要旨	地方新聞が、パチンコ店出店に関して市議会議員が議員対策として金銭を要求した疑惑がある等の記事を掲載して、市議会議員の名誉を毀損した事案につき、同新聞の評価の高さや多大な発行部数、同記事の内容が疑惑があったとするにとどまること等を考慮して、200万円の慰謝料が認められた事例。

I 名誉毀損

074

東京地裁平成8年8月30日判決 ［28030800］
◆判例タイムズ964号218頁
〔一部認容、一部棄却〕

認定額	金融会社　計200万円 代表者　　計160万円
被害者	金融会社、代表者
侵害態様	個人情報の大規模横流しに関する新聞記事
判決要旨	金融会社の代表者が、大手消費者金融会社の顧客情報の大規模な横流し又は持出しの首謀者である等の記事が2社の新聞記事に掲載されて、同金融会社及び代表者の名誉・信用が毀損された事案につき、本件各記事に先行して発行部数のはるかに多い週刊誌に同様の記事が掲載され、他の全国紙にも掲載されていること、本件各記事が相当煽情的な内容を含むものであること等諸般の事情を考慮して、金融会社に対してそれぞれ100万円、代表者に対してそれぞれ80万円の慰謝料が認められた事例。

075

東京地裁平成 7 年 3 月 29 日判決 ［28010372］
◆判タ 903 号 182 頁
〔一部認容、一部棄却〕

認定額	各 200 万円

被害者	学校法人、大学
侵害態様	教職員の不法就労等、不正に関する新聞記事
判決要旨	新聞社がその発行する日刊紙、英字紙、ファックス新聞に①短大の海外分校の教職員・医師が不法滞在・不法就労していること、②日本人学生の滞在に問題があること、③関連企業が同国で頻繁な不動産取引を行い税務当局が調査に入ったことなどを記載した記事を掲載して、短大を設置する学校法人及びその母体である大学の名誉を毀損した事案につき、同新聞が公称 400 万部の大新聞であること、①については全国版に 1 面トップ記事として扱われたこと、③以外は概ね真実であること等諸般の事情を考慮して、それぞれ 200 万円の無形損害が認められた事例。

I 名誉毀損

076

東京地裁平成 27 年 2 月 27 日判決［28231166］
◆判時 2259 号 61 頁
〔一部認容、一部棄却〕

認定額	150 万円

被害者	大学名誉教授
侵害態様	新聞及び WEB サイトにおける企業との癒着記事
判決要旨	新聞社が、核燃料等の輸送容器の設計・製造会社から多額の奨学寄附金を受けた大学名誉教授が、同社の便宜を図る意図で、同社に有利な検査基準を取りまとめたとの事実を摘示し、これを前提とする意見・論評を新聞記事及び WEB サイト上の記事に掲載して、前記大学名誉教授の名誉を毀損した事案につき、本件記事は海外を含め多数の者に閲覧されたこと、本件記事による社会的評価の低下の程度、本件記事の取材経緯等一切の事情を考慮して、150 万円の慰謝料が認められた事例。
上下審	**控訴審**：東京高裁平成 27 年 8 月 20 日判決［28233193］〔各控訴棄却〕

077

東京高裁平成7年11月27日判決［28011374］
◆判タ918号166頁
〔変更〕

認定額	計150万円

被害者	被疑者
侵害態様	犯人と印象づける新聞記事
判決要旨	地方新聞社が、通信社からの配信を受けていわゆるロス疑惑殴打事件、銃撃事件、大麻所持事件等に関して被疑者を犯人と印象づけるような報道を行った事案につき、各記事の内容・態様、掲載紙の地方紙ないしスポーツ紙としての性格、掲載当時既に逮捕されある程度社会的評価が低下していたこと、その後の被疑者の社会的評価の変動に関する経緯その他諸般の事情を考慮して、名誉毀損に当たる記事一件につき30万円、総額150万円の慰謝料が認められた事例。
上下審	上告審：最高裁平成14年1月29日判決［28070708］〔却下〕 上告審：最高裁平成14年1月29日判決／判時1778号49頁／判タ1086号102頁［28070230］〔破棄差戻〕 第一審：東京地裁平成7年4月20日判決［28173245］

I 名誉毀損

078

広島高裁松江支部平成27年6月3日判決［28233658］
◆判時2268号57頁
〔原判決一部変更〕

認定額	100万円

被害者	行政書士
侵害態様	新聞記事及びニュースサイトにおける犯罪報道
判決要旨	1　慰謝料は、一般に裁判所が諸般の事情を斟酌して裁量によって算定するもので、この諸般の事情のなかには不法行為後・口頭弁論終結までの事情も含まれるというべきであり、名誉毀損による慰謝料の額も、事実審の口頭弁論終結時までに生じた諸般の事情を斟酌して裁判所が裁量により算定することも許されるというべきである。 2　「行政書士逮捕へ」「非弁活動容疑で逮捕する方針を固めた」との新聞記事及びニュースサイトの報道は、一般読者に、本件行政書士の行った行為がより重大かつ悪質で重い刑罰が相当な犯罪行為であるとの印象を与えるものであること、新聞記事・ニュースサイトによる犯罪報道は情報伝播が広い範囲に及ぶこと、「逮捕の方針を固めた」ということにとどまっていること、その後「起訴猶予処分とした」旨の記事を掲載したこと、その他一切の事情を総合考慮すると、本件の慰謝料額は100万円が相当である。
上下審	第一審：鳥取地裁米子支部平成26年12月26日判決［28233659］

079

東京高裁平成 12 年 9 月 19 日判決 ［28052041］
◆判時 1745 号 128 頁
〔原判決変更〕

認定額	各 100 万円

被害者	造形美術家、劇団
侵害態様	舞台装置が盗作とする記者会見を掲載した新聞記事
判決要旨	劇団が造形美術家の創作した作品を舞台装置に使用して演劇活動を行ったところ、当該舞台装置は自己の美術品を盗作したものであり、自己の著作権が侵害されたと他の造形美術家が記者会見をした結果、記者会見に基づく新聞記事が掲載されて、舞台装置の創作者及び劇団の名誉が毀損された事案につき、舞台装置創作者及び劇団の社会的地位、不法行為の態様、結果の重大さ、謝罪広告が認められていること、表現方法やアイデアが共通していて著作権侵害の誤解が生じやすい状況であったこと等を総合考慮して、各自 100 万円の慰謝料が認められた事例。
上下審	上告審：最高裁平成 14 年 9 月 24 日決定 ［28080371］〔上告棄却、上告不受理〕 第一審：【086】東京地裁平成 11 年 3 月 29 日判決／判時 1689 号 138 頁／判タ 1001 号 218 頁 ［28041256］〔一部認容、請求棄却〕

I　名誉毀損

評　釈	▶泉克幸・著作権判例百選＜第 3 版＞（別冊ジュリスト 157）8 〜 9 頁 2001 年 ▶蘆立順美・判例評論 516 号（判例時報 1767）171 〜 174 頁 2002 年 ▶愛知靖之・ジュリスト 1242 号 132 〜 134 頁 2003 年 ▶三浦正広・発明 100 巻 9 号 101 〜 111 頁 2003 年 ▶金井重彦・著作権判例百選＜第 4 版＞（別冊ジュリスト 198）106 〜 107 頁 2009 年

080

東京高裁平成 9 年 1 月 29 日判決［28020918］
◆判時 1597 号 71 頁
〔棄却〕

認定額	100 万円

被害者	元市長
侵害態様	公共工事入札介入に関する新聞記事
判決要旨	大手ゼネコンのライバル会社が、市の幹部等を相手に展開した営業活動が功を奏して市の公共工事を受注した疑いがあるとの新聞記事により、当時県知事選の選挙活動中であった元市長の名誉が毀損された事案につき、本件記事により元市長が県知事選に落選したことまでを認めることはできないこと、本件記事が元市長を名指しして虚偽の事実を摘示したものではないこと等一切の事情を考慮して、100 万円の慰謝料が認められた事例。
上下審	**上告審**：最高裁平成 12 年 10 月 20 日判決［28060005］〔棄却〕 **第一審**：【081】水戸地裁平成 7 年 9 月 27 日判決／判時 1573 号 107 頁／判タ 904 号 159 頁［28010526］〔一部認容、一部棄却〕

I　名誉毀損

081

水戸地裁平成 7 年 9 月 27 日判決［28010526］
◆判時 1573 号 107 頁／判タ 904 号 159 頁
〔一部認容、一部棄却〕

認定額	100 万円

被害者	県知事立候補者
侵害態様	大手ゼネコンとの不正疑惑に関する新聞記事
判決要旨	県知事立候補者が市長時代に大手ゼネコンとの間に不正があったかのような印象を与える記事が投票日前日に新聞に掲載され、同人の名誉が毀損された事案につき、同人が同記事のゆえに選挙に落選したとまでは認められないこと、同記事が同人を名指しして虚偽の事実を摘示したものではないこと等諸般の事情を考慮して、100 万円の慰謝料が認められた事例。
上下審	**上告審**：最高裁平成 12 年 10 月 20 日判決［28060005］〔棄却〕 **控訴審**：【080】東京高裁平成 9 年 1 月 29 日判決／判時 1597 号 71 頁［28020918］〔棄却〕
評釈	▶大石泰彦・判例評論 458 号（判例時報 1591）213～216 頁 1997 年

082

横浜地裁平成 7 年 7 月 10 日判決 ［27828044］
◆判時 1558 号 81 頁 / 判タ 885 号 124 頁
〔一部認容、一部棄却〕

認定額	100 万円

被害者	カフェバー経営者
侵害態様	北朝鮮工作員等との関係を疑わせる新聞記事
判決要旨	横須賀でカフェバーを経営する女性が、北朝鮮工作員の指示を受けて日本国内において各種の情報収集活動を行っており、よど号ハイジャック事件の犯人と接触していたとする新聞記事により同人の名誉が毀損された事案につき、100 万円の慰謝料が認められた事例。

I　名誉毀損

083

東京高裁平成12年2月23日判決　[28071693]
◆判タ1089号209頁
〔控訴棄却、変更〕

認定額	50万円

被 害 者	区議会議員
侵害態様	鉄道敷設に係る賄賂に関する新聞記事
判決要旨	区会議員が鉄道の敷設に関して賄賂を受け取った等の記事が新聞に掲載されて区会議員の名誉が毀損された事案につき、区会議員は都議会議員選挙に立候補を予定していたこと、本件記事の内容、本件記事は区内に相当数頒布されたこと、有権者等から本件記事について抗議や苦情を受けたこと等諸般の事情を考慮して、50万円の慰謝料が認められた事例。
上 下 審	**第一審**：東京地裁平成11年9月21日判決／判タ1089号211頁[28071694]〔一部認容、一部棄却〕

084

仙台高裁平成 10 年 6 月 26 日判決 [28041161]
◆判時 1672 号 73 頁 / 判タ 1019 号 166 頁
〔棄却〕

認定額	50 万円

被 害 者	不動産業者
侵害態様	犯罪の容疑が濃厚との新聞記事
判決要旨	不動産業者が詐欺罪及び宅地建物取引業法違反の疑いで書類送検され、犯罪事実が取調べによってそれなりに裏付けられ、容疑が濃厚となっているとの新聞記事により同不動産業者の名誉が毀損された事案につき、慰謝料として 50 万円が認められた事例。
上 下 審	第一審：仙台地裁石巻支部平成 9 年 7 月 22 日判決 / 判タ 1019 号 170 頁 [28042933]〔一部認容、一部棄却〕
評　　釈	▶鬼塚賢太郎・法令ニュース 34 巻 8 号 27 〜 29 頁 1999 年

I 名誉毀損

085

千葉地裁平成9年3月26日判決 [28031265]
◆判時1635号124頁
〔一部認容、一部棄却〕

認定額	50万円

被害者	有限会社代表者
侵害態様	漁業協同組合臨時総会での除名決議について事実と異なる新聞記事
判決要旨	漁業協同組合の臨時総会において、有限会社の除名決議がなされたのに、同有限会社代表者の除名決議がなされたと新聞で報道され、同人の名誉が毀損された事案につき、記事の内容・体裁、同人の知名度、本件名誉毀損回復のために弁護士に訴訟提起を依頼せざるをえなかったこと、同人の心労の多くは本件新聞報道より除名決議等の困難な事情に起因する部分がはるかに多いこと、新聞社は時間が経過したとはいえ訂正記事で小さいながら謝罪・訂正していること等一切の事情を考慮して、50万円の慰謝料が認められた事例。

086

東京地裁平成 11 年 3 月 29 日判決［28041256］
◆判時 1689 号 138 頁 / 判タ 1001 号 218 頁
〔一部認容、請求棄却〕

認定額	各 40 万円

被害者	造形美術家、劇団
侵害態様	舞台装置が盗作とする記者会見を掲載した新聞記事
判決要旨	舞台装置及びその基礎となった造形美術作品について著作権侵害があったとの記者会見がされ、右会見を伝える新聞記事が掲載されたことにより、劇団主催者及び舞台装置の創作者の名誉が毀損された事案につき、本件記者会見が劇団側の再三にわたる話合いの申出を拒否して行われたこと、記者会見の内容、記事の内容等、諸般の事情を考慮して、劇団主催者及び舞台装置の創作者に対して各 40 万円の損害賠償が認められた事例。
上下審	**上告審**：最高裁平成 14 年 9 月 24 日決定［28080371］〔上告棄却、上告不受理〕 **控訴審**：【079】東京高裁平成 12 年 9 月 19 日判決 / 判時 1745 号 128 頁［28052041］〔原判決変更〕

I　名誉毀損

087

東京高裁平成7年3月29日判決　[28021620]
◆判時1608号107頁
〔一部取消自判、一部棄却〕

認定額	計40万円

被 害 者	被疑者
侵害態様	大麻草所持に関する記事配信等
判決要旨	通信社が、いわゆるロス疑惑事件等で起訴された被疑者が自宅に大麻草を所持していた等の記事を配信し、スポーツ新聞社が同配信記事に独自に取材した部分を加えた記事を報道して同被疑者の名誉を毀損した事案につき、大麻とのかかわり合いは被疑者自身が認めていること、本件記事掲載当時既に大麻とのかかわり合いが報道されて被疑者の社会的評価が相当程度低下していたことなどを考慮して、本件記事を配信した通信社には30万円、スポーツ新聞社には10万円の慰謝料の支払が命じられた事例。
上 下 審	**上告審**：最高裁平成14年1月29日判決／民集56巻1号185頁／判時1778号28頁／判タ1086号96頁［28070232］〔破棄差戻し〕 **第一審**：東京地裁平成6年4月27日判決／判時1530号77頁［27827425］〔一部認容、一部棄却〕
評　　釈	▶中村哲也・判例評論468号（判例時報1621）205～209頁1998年

088

東京高裁平成8年5月20日判決［28011375］
◆判タ918号178頁
〔変更〕

認定額	計20万円

被害者	殺人未遂事件の被告人
侵害態様	犯罪事実に関する新聞記事
判決要旨	新聞社数社が通信社の配信記事に基づいて、妻に対する殺人未遂事件の被告人が殴打事件の共犯者を脅して口封じしようとしている等の事実を新聞に記載したことにより同被告人の名誉が毀損された事案につき、新聞記事の内容、発行地域、発行部数、新聞記事掲載当時の事情及びその後の事情を総合考慮して、それぞれ10万円、7万円、3万円の慰謝料が認められた事例。
上下審	**上告審**：最高裁平成14年1月29日判決［28070712］〔棄却〕 **上告審**：最高裁平成14年1月29日判決［28070711］〔棄却〕 **第一審**：東京地裁平成7年7月25日判決［28173244］
評釈	▶田中敦・平成8年度主要民事判例解説（判例タイムズ臨時増刊945）130～131頁 1997年

I　名誉毀損

089

東京高裁平成 8 年 4 月 26 日判決［28021621］
◆判時 1608 号 115 頁
〔控訴棄却〕

認定額	20 万円

被 害 者	被告人
侵害態様	犯罪に関する新聞記事
判決要旨	1　いわゆるロス疑惑事件の被告人が、元妻子を保険金目的でガス事故に見せかけて殺害しようとした等の地方新聞の記事により同被告人の名誉が毀損された事案につき、本件記事については既に別の新聞社に 50 万円の慰謝料の支払を命ずる判決がなされて同被告人はその支払を受けているが、同判決の対象となった記事は本件記事と別の摘示事実も含んでおり、またその頒布地域も異なるから、同慰謝料の支払によって本件記事による損害が填補される関係にあるということはできないとされた事例。 2　上記事案につき、通信社及び新聞社は連帯して 20 万円の慰謝料を支払うべきであるとされた事例。
上 下 審	**上告審**：最高裁平成 14 年 1 月 29 日判決［28070710］〔棄却〕 **第一審**：東京地裁平成 6 年 10 月 25 日判決［28172933］
評　　釈	▶中村哲也・判例評論 468 号（判例時報 1621）205 〜 209 頁 1998 年

090

水戸地裁平成 24 年 9 月 14 日判決　[28222046]
◆判例地方自治 380 号 39 頁
〔一部認容、一部棄却〕

認定額	10 万円

被害者	村職員
侵害態様	村職員の暴行事件に関する新聞記事
判決要旨	上司から殴打されて右頬部打撲等の傷害を負った村の職員が、前記上司が傷害罪で起訴され略式命令を受けたとの誤った情報を新聞社に提供し、新聞にその旨を報じる記事が掲載されて前記上司の名誉が毀損された事案につき、前記上司が暴行罪で起訴されて略式命令を受けていること、情報を提供した者は前記暴行により負傷していること等一切の事情を考慮して、10 万円の慰謝料が認められた事例。
評釈	▶山口成樹・判例地方自治 391 号（増刊）47 頁 2015 年

I 名誉毀損

091

神戸地裁平成 8 年 7 月 18 日判決 ［28021013］
◆判時 1599 号 120 頁
〔一部認容、一部棄却〕

認定額	5 万円

被害者	指名手配中の容疑者
侵害態様	警察発表にない事実に関する新聞記事
判決要旨	指名手配中の容疑者が窃盗罪で逮捕された旨の新聞記事において、調べによれば「民家に忍び込ん」だという警察発表にない事実を付け加えて報道した行為が名誉毀損に当たるとされた事案につき、「忍び込ん」だとする部分以外については真実性の証明ないし真実と信じるにつき相当の理由があること、新聞社は本件記事掲載後嫌疑なしとして不起訴処分にされた旨の記事を掲載しその旨を同被疑者に通知していること等諸般の事情を考慮して、5 万円の慰謝料が認められた事例。

092

東京高裁平成 9 年 11 月 10 日判決 ［28031924］
◆判時 1638 号 87 頁
〔一部変更、一部棄却〕

認定額	計 4 万円
被 害 者	刑事被告人
侵害態様	私生活の醜聞等に関する新聞記事
判決要旨	通信社がロス疑惑事件の刑事被告人の私生活における男女関係の醜聞、保険金騙取等に関する記事を配信し、地方新聞がこれを掲載したことにより同人の名誉が毀損された事案につき、本件各記事の内容、当時、新聞、週刊誌、テレビ等で同人に対する多数の報道がされていたこと、同人がその後有罪判決を受けたこと、本件各記事の掲載・頒布から既に 12 年が経過していること等諸般の事情を考慮して、各記事につき各 2 万円の慰謝料が認められた事例。
上 下 審	**上告審**：最高裁平成 14 年 1 月 29 日判決［28070718］〔棄却〕 **第一審**：東京地裁平成 9 年 1 月 28 日裁判形式不明［28172816］

I 名誉毀損

093

東京高裁平成13年4月11日判決［28061366］
◆判時1754号89頁
〔原判決変更〕

認定額	0円

被害者	宗教団体
侵害態様	サリン研究を行っている印象を与える新聞記事
判決要旨	見出しのみを読む一般読者に対して、オウム真理教を継承する団体がサリン研究を継続しているかのような印象を与える新聞記事が掲載され、団体の名誉が毀損された事案につき、オウム真理教の動静に対する国民の関心の深さからすればリード部分あるいは本文を読む読者が多かったものと考えられること等を考慮して、訂正記事の掲載は肯定されたものの、謝罪広告請求及び慰謝料請求は否定された事例。
上下審	第一審：東京地裁平成12年12月18日判決［28172262］
評釈	▶和田真一・判例評論518号（判例時報1773）164～167頁 2002年

3. 書籍

094

東京高裁平成 15 年 2 月 26 日判決 ［28081428］
◆判時 1824 号 43 頁
〔原判決一部変更、一部棄却〕

認定額	400 万円

被 害 者	医学者（エイズ研究班班長）
侵害態様	医学者が治験を遅らせたとする記述
判決要旨	「私の傍聴した『東京 HIV 訴訟』裁判（最終回）」と題する月刊誌記事及び「エイズ犯罪　血友病患者の悲劇」と題する書籍における、エイズ研究班班長であった医学者が加熱濃縮血液凝固剤因子製剤の治験を遅らせた等の記載により、前記医学者の名誉が毀損された事案につき、名誉毀損の程度が著しいこと、執筆者が著名なフリー・ジャーナリストであり、書籍が大宅壮一ノンフィクション大賞を受賞したことなど一切の事情を考慮して、400 万円の慰謝料が認められた事例。
上下審	**上告審**：最高裁平成 17 年 6 月 16 日判決 / 判時 1904 号 74 頁 / 判タ 1187 号 157 頁 ［28101282］〔破棄自判〕 **第一審**：東京地裁平成 14 年 1 月 30 日判決 / 裁判所ウェブ ［28071494］〔棄却〕

I 名誉毀損

095

大阪地裁平成 7 年 12 月 19 日判決［28010842］
◆判時 1583 号 98 頁／判タ 909 号 74 頁
〔一部認容、一部棄却〕

認定額	計 320 万円

被害者	モデルとされた者
侵害態様	実際の事件をモデルとした小説の出版
判決要旨	いわゆる甲山事件をモデルとした小説が出版されたことにより、モデルとされた者の名誉が毀損された事案につき、本件小説出版当時モデルとされた者が殺人罪で起訴され一定程度低下していた社会的評価が更に低下したこと、本件小説各版の出版部数（新書版 2 万部、文庫版 10 万部）、その他一切の事情を考慮して、新書版については作家と出版社に各自 80 万円、文庫版については作家と出版社に各自 80 万円の慰謝料が命じられた事例。
上下審	**控訴審**：大阪高裁平成 9 年 10 月 8 日判決／判時 1631 号 80 頁［28030845］〔控訴棄却〕
評釈	▶松井茂記・法律時報 69 巻 6 号 103 〜 107 頁 1997 年 5 月

096

東京地裁平成 15 年 12 月 17 日判決［28101036］
◆判タ 1176 号 234 頁
〔認容〕

認定額	300 万円

被害者	弁護士
侵害態様	不誠実な弁護士であるとの印象を与える書籍での記述
判決要旨	「モンダイの弁護士」と題する書籍において、医療過誤問題に取り組んでいる弁護士が不誠実な弁護士であるという印象を与える記述が掲載され、同弁護士の名誉が毀損された事案につき、本件書籍の発行部数は 1 万 8000 部であり、同弁護士から訂正削除を求められたにもかかわらず、現在まで販売を継続していること、本件書籍の内容、同弁護士の社会的地位、不法行為の態様、その他一切の事情を考慮して、300 万円の慰謝料が認められた事例。

I 名誉毀損

097

東京地裁平成13年12月25日判決 [28070695]
◆判時1792号79頁
〔一部認容、一部棄却〕

認定額	300万円

被害者	SF小説評論家
侵害態様	実際は別の者が執筆したとする書籍での記述
判決要旨	書籍に「聖母エヴァンゲリオン」を執筆したのは本件SF小説評論家ではなく、その夫である大学教授であるとの記載がされて、SF小説評論家の名誉が毀損された事案につき、右記載によってSF評論家の名誉が著しく毀損されたこと、本件書籍は90年代の非本流文化を解説するという時事的で限定的な要素が強く、販売実数も1万部強とそれほど多くないこと等の事情を総合勘案して、300万円の慰謝料が認められた事例。

098

東京地裁平成8年2月28日判決 ［28011007］
◆判時1570号3頁
〔一部認容、一部棄却〕

認定額	300万円

被害者	英和辞典発行会社
侵害態様	英和辞典の誤りを指摘する書籍の出版
判決要旨	英和辞典の例文の誤り等を指摘する書籍の出版により同英和辞典発行会社の名誉が毀損された事案につき、英和辞典発行会社は、同書籍対策資料の作成・配付、専門雑誌上への反論文掲載等のいち早い措置を講じたことにより、その社会的評価を相当程度に回復したこと、同社の英和辞典は内容を一新させて改訂され、既に読者から新たな信頼を得ていること、同書籍発行の動機、社会的意義などを総合勘案して、無形損害として300万円の損害賠償が認められた事例。
上下審	**控訴審**：東京高裁平成8年10月2日判決／判タ923号156頁 ［28020075］〔控訴棄却、附帯控訴棄却〕
評釈	▶鬼塚賢太郎・法令ニュース31巻11号23～25頁1996年 ▶右崎正博・法律時報69巻11号102～106頁1997年

I 名誉毀損

099

東京高裁平成 15 年 7 月 31 日判決 ［28082703］
◆民集 58 巻 5 号 1699 頁 / 判時 1831 号 107 頁
〔一部変更〕

認定額	200 万円

被害者	書籍著作者
侵害態様	書籍の内容を批判する漫画の中での不適切な表現
判決要旨	他人の執筆した従軍慰安婦問題に関する漫画を批判する書籍を再批判する漫画の中で、書籍に他人が執筆した漫画のカットを採録したことを「ドロボー」と、その書籍を「ドロボー本」と表現するなどして、書籍著作者の名誉を毀損した事案につき、大学講師で従軍慰安婦問題等の研究者であるという書籍著作者の社会的地位、前記漫画の表現がどぎついこと、発行部数が多数に上ること等の事情を考慮して、200 万円の慰謝料が認められた事例。
上下審	上告審：最高裁平成 16 年 7 月 15 日判決 / 民集 58 巻 5 号 1615 頁 / 判時 1870 号 15 頁 / 判タ 1163 号 116 頁 ［28092033］〔破棄自判〕 第一審：東京地裁平成 14 年 5 月 28 日判決 / 裁判所ウェブ ［28071950］〔棄却〕

100

東京高裁平成 21 年 2 月 5 日判決 ［28152639］
◆判時 2046 号 85 頁
〔変更〕

認定額	100 万円

被害者	国会議員
侵害態様	2 冊の書籍における国会議員の便宜供与疑惑についての記述
判決要旨	政党政務調査会首席専門員が、その執筆・出版した 2 冊の書籍において行った、野党第一党の副代表を務めた国会議員が「通産官僚当時に実父の企業グループに便宜を図った疑惑がある」等の記述により、前記国会議員の名誉が毀損された事案につき、前記国会議員の社会的地位、本件記述の内容、その余の事情を考慮して、100 万円の慰謝料が認められた事例。
上下審	第一審：東京地裁平成 20 年 3 月 24 日判決［28170911］

I　名誉毀損

101

札幌地裁平成21年4月20日判決 [28153914]
◆判時2055号107頁
〔一部認容、一部棄却〕

認定額	計60万円

被害者	警察本部の元総務部長
侵害態様	2冊の書籍における警察裏金問題に関する記述
判決要旨	警察の裏金問題が取り上げられた2冊の書籍において、警察本部の元総務部長であった者が、(1)上司より叱責された、(2)公式には不正経理を否定する発言をしながら、新聞記者に対して暗に不正経理の存在を認めその理解を求めていたとの記載がされ、同人の名誉が毀損された事案につき、本件名誉毀損部分は主要な部分とはいい難いこと等を考慮して、書籍Aについては10万円、書籍Bについては50万円の慰謝料が認められた事例。

102

東京地裁平成21年8月26日判決［28171555］
◆判タ1342号202頁
〔一部認容、一部棄却〕

認定額	50万円

被害者	経済ジャーナリスト及びノンフィクション作家
侵害態様	いわゆるモデル小説における登場人物の記述
判決要旨	1　公認会計士が執筆し出版された書籍における「ジャーナリスト」と、経済ジャーナリスト及びノンフィクション作家とを同定することは可能であり、当該ジャーナリストの執筆した記事は不当な目的をもって虚構又はそれに近い事実に基づいて記事をでっち上げるなどして執筆するものであるとの記述は、経済ジャーナリスト及びノンフィクション作家としての基本的姿勢に対する信頼を損ない、社会的評価を低下させるといえることから、名誉を毀損するものと認められる。 2　前記事案における経済ジャーナリスト及びノンフィクション作家の慰謝料につき、問題の記述は、書籍全体（約230頁）中の約6頁程度にすぎず、ストーリー展開上不可欠なエピソードとまではいい難く、読者が強い印象を抱くとは限らないこと、印刷部数1万8000部中約4000部は返品在庫として保管され情報伝播の範囲が極めて広範とまではいえないこと、書籍発行後に新聞連載が打ち切られたことや講演依頼が激減したのは本書発刊が原因であると認める的確な証拠がないことから、50万円が相当とされた事例。

I　名誉毀損

103

東京地裁平成16年5月31日判決［28091774］
◆判時1936号140頁／判タ1175号265頁
〔一部認容、一部棄却〕

認定額	50万円

被害者	中国人男性
侵害態様	モデル小説での人物の記述内容
判決要旨	モデル小説の中で、現実の事実と虚構の事実が明確に区別されないような態様で、同人について「アルコール依存症」「妻に離縁された」等の記述をしてその名誉を毀損した事案につき、名誉毀損の態様、流通した部数が1000部未満と僅少であること、モデルとされた者は中国では著名であるが、本件モデル小説が販売されたのは日本国内のみであること等諸般の事情を考慮して、50万円の慰謝料が認められた事例。
上下審	控訴審：東京高裁平成16年12月9日判決／裁判所ウェブ［28100095］〔控訴棄却〕
評釈	▶熊倉禎男・平成17年度主要民事判例解説（判タ臨時増刊1215）196頁2006年 ▶駒田泰土・判例評論580号（判例時報1962）197頁2007年 ▶中川淨宗・東海法学38号73頁2007年 ▶山口敦子・法と政治〔関西学院大学〕58巻3・4号103頁2008年

104

名古屋地裁平成 12 年 1 月 26 日判決［28060341］
◆判タ 1047 号 224 頁
〔一部認容〕

認定額	50 万円

被 害 者	誘拐事件犯人
侵害態様	実際の誘拐事件をもとにしたノンフィクション小説における記述
判決要旨	いわゆる「富山・長野連続誘拐殺人事件」をテーマにしたノンフィクション小説において、犯人である女性について、実名を用いて性的にふしだらな売春婦であるかのように記述し、同人の名誉感情を侵害した事案につき、記載の内容、同人が極めて反社会性の高い犯罪を実行して死刑判決を受けたこと、当時の捜査状況、新聞・雑誌による報道状況等を考慮して、50 万円の慰謝料が認められた事例。
上 下 審	**控訴審**：名古屋高裁平成 12 年 10 月 25 日判決／判時 1735 号 70 頁［28060560］〔一部変更〕
評　　釈	▶大林文敏・愛知大学法学部法経論集 154 号 109 〜 122 頁 2000 年 ▶鈴木秀美・法律時報 73 巻 1 号 105 〜 109 頁 2001 年

I 名誉毀損

105

東京高裁平成 10 年 12 月 22 日判決［28051361］
◆判時 1706 号 22 頁 / 判タ 1067 号 227 頁
〔控訴棄却、附帯控訴棄却〕

認定額	50 万円

被害者	元日本兵
侵害態様	戦時中の行為に関する記述
判決要旨	「南京事件・京都師団関係資料集」と題する書籍において、当該日本兵を特定できる方法で日本兵による殺りく行為について記述し同人の名誉を毀損した事案につき、同書籍は学術研究書的色彩が強く出版部数も限られていること、約 60 年前の戦場での出来事とされていること、その他諸般の事情を総合考慮して、50 万円の慰謝料が認められた事例。
上下審	第一審：【107】東京地裁平成 8 年 4 月 26 日判決 / 判時 1582 号 66 頁 / 判タ 937 号 213 頁［28020013］〔一部認容、一部棄却〕
評釈	▶和田真一・メディア判例百選（別冊ジュリスト 179）158 〜 159 頁 2005 年

106

高松地裁平成 9 年 6 月 30 日判決　[28042942]
◆判タ 986 号 261 頁
〔一部認容〕

認定額	各 50 万円

被害者	宗教法人、財団法人
侵害態様	言葉の盗用、巨額の使途不明金に関する記述
判決要旨	少林寺拳法により門信徒を教化育成することを目的とする宗教法人及び少林寺拳法の普及、振興を図ることを目的とする財団法人から破門・除名の処分を受けた元幹部らが、少林寺拳法の創始者の言葉として伝えられてきたのは講道館師範の言葉の盗用であったこと、同団体内部において巨額の使途不明金が発生したこと等の事実を記載した書籍を出版・販売・頒布して同団体の名誉を毀損した事案につき、それぞれ 50 万円の慰謝料が認められた事例。

I 名誉毀損

107

東京地裁平成8年4月26日判決［28020013］
◆判時1582号66頁／判タ937号213頁
〔一部認容、一部棄却〕

認定額	50万円

被害者	元日本軍兵士
侵害態様	南京事件に関する書籍での記述
判決要旨	南京事件に関する書籍及び新聞において、元日本軍兵士が殊更残虐な方法によって中国人を殺戮したとの記述がされ、記述の対象となった特定人の名誉が毀損された事案につき、本件書籍は学術的色彩が強く、発行部数は限られる反面、図書館等に配置され継続的に読まれるものであることその他諸般の事情を総合考慮して、50万円の慰謝料が認められた事例。
上下審	控訴審：【105】東京高裁平成10年12月22日判決／判時1706号22頁／判タ1067号227頁［28051361］〔控訴棄却、附帯控訴棄却〕

》4. テレビ

108

東京地裁平成 25 年 1 月 29 日判決 [28211578]
◆判時 2180 号 65 頁
〔一部認容、一部棄却〕

認定額	300 万円

被害者	衆議院議員
侵害態様	原発政策に関する報道番組
判決要旨	テレビ局が、自民党及び安倍政権の原発政策を主題とする報道番組において、当時経済産業大臣であった衆議院議員が、原発が津波で電源を失う危険性を示す資料があり、それを見せられると取材を中断して逃げ出したとの印象を与える番組を放送して、前記衆議院議員の名誉を毀損した事案につき、諸般の事情を総合考慮して、300 万円の慰謝料が認められた事例。

I 名誉毀損

109

広島地裁平成 20 年 10 月 2 日判決［28142299］
◆判時 2020 号 100 頁／判タ 1294 号 248 頁
〔一部認容、一部棄却〕

認定額	200 万円

被害者	弁護士
侵害態様	テレビ番組での弁護活動批判及び懲戒請求を呼びかける言動
判決要旨	弁護士であるコメンテーターが、テレビ番組で少年による殺人事件の弁護団に属する弁護士の弁護活動を批判して同弁護士らの名誉を毀損し、同弁護士らについて懲戒請求すべきだ等の発言をして、1 人当たり 600 件を超える懲戒請求への対応を余儀なくさせた事案につき、同弁護士らは相応な事務負担を必要とし、相当の精神的損害を被ったこと、いずれの損害も弁護士として相応の知識・経験を有する者によってもたらされたことを考慮して、200 万円の損害賠償が認められた事例。
上下審	**上告審**：最高裁平成 23 年 7 月 15 日判決／民集 65 巻 5 号 2362 頁／判時 2135 号 48 頁／判タ 1360 号 96 頁［28173753］〔棄却、破棄自判〕 **控訴審**：広島高裁平成 21 年 7 月 2 日判決［28173754］〔一部変更、一部控訴棄却〕

110

東京地裁平成 8 年 7 月 30 日判決 ［28021011］
◆判時 1599 号 106 頁 / 判タ 950 号 204 頁
〔一部認容、一部棄却〕

認定額	200 万円

被 害 者	国会議員
侵害態様	金銭の授受に関するテレビニュース
判決要旨	特別背任罪で起訴された会社経営者が、外務大臣である国会議員に 1 億円渡したと供述している旨のテレビニュースにより同国会議員の名誉が毀損された事案につき、200 万円の慰謝料が認められた事例。
評　釈	▶浜田純一・法律時報 69 巻 13 号 234 〜 237 頁 1997 年 ▶田頭章一・メディア判例百選（別冊ジュリスト 179）48 〜 49 頁 2005 年

I 名誉毀損

111

東京地裁平成8年9月30日判決［28020098］
◆判時1584号39頁／判タ924号89頁／裁判所ウェブサイト掲載判例
〔一部認容、一部棄却〕

認定額	150万円

被害者	小説家
侵害態様	小説における仮説に疑念を生じさせるようなドキュメンタリー番組
判決要旨	江差追分の起源に迫ることをテーマとするテレビのドキュメンタリー番組において、江差追分の起源がウラルに求められるとの仮説が相当以前から民族音楽会に存在していたかのような印象を与える放送をしたこと等により、その前年江差追分ウラル起源説を主題の一つとした小説を発表しその独創的仮説と虚構が高く評価されていた小説家の名誉を毀損した事案につき、150万円の慰謝料が認められた事例。
上下審	**上告審**：最高裁平成13年6月28日判決／民集55巻4号837頁／判時1754号144頁／判タ1066号220頁［28061406］〔破棄自判〕 **控訴審**：東京高裁平成11年3月30日判決／裁判所ウェブ［28041894］〔原判決変更〕

評　釈	▶鈴木眞実子・コピライト 36 巻 8 号 32 〜 33 頁 1996 年 ▶小泉直樹・著作権研究 24 号 161 〜 172 頁 1998 年 ▶大家重夫・久留米大学法学 34 号 51 〜 87 頁 1999 年 ▶小泉直樹・著作権判例百選＜第 3 版＞（別冊ジュリスト 157）148 〜 149 頁 2001 年

I 名誉毀損

112

東京地裁平成 18 年 4 月 28 日判決 ［28131125］
◆判タ 1236 号 262 頁
〔一部認容、一部棄却〕

認定額	120 万円

被害者	傷害の被疑者
侵害態様	殺人の疑いで逮捕と放送
判決要旨	傷害の被疑事実により逮捕された者についてなされた殺人の疑いで逮捕された旨の字幕スーパーを付してなしたテレビ放送により、同人の名誉が毀損された事案につき、本件放送は複数回にわたってなされているが、事件直後の 24 時間に限定されていること、司法解剖による死因判明後は、同人の氏名を匿名とし死因は病気であり、同人は起訴猶予処分となったことが放送されていること等を考慮して、120 万円の慰謝料が認められた事例。

113

東京高裁平成 25 年 11 月 28 日判決 ［28214210］
◆判時 2216 号 52 頁／判タ 1419 号 146 頁
〔原判決一部変更、控訴一部棄却〕

認定額	100 万円

》4
テレビ

被 害 者	台湾原住民の子孫
侵害態様	民族問題に関するテレビ番組
判決要旨	テレビ局が放送した日本の台湾統治を検証した番組において、ロンドンで開催された日英博覧会で台湾南部高士村のパイワン族の男女 24 名が「人間動物園」として展示され、そのうちの 1 人の娘が今も悲しいと述べているとの報道がされて前記娘の名誉が毀損された事案につき、前記番組の放映は父親を誇りに思っている前記娘の心に深い傷を残したこと、前記番組の内容・影響の大きさなど一切の事情を考慮して、100 万円の慰謝料が認められた事例。
上 下 審	**上告審**：最高裁平成 28 年 1 月 21 日判決／判時 2305 号 13 頁／判タ 1422 号 68 頁 ［28240289］〔破棄自判〕 **第一審**：東京地裁平成 24 年 12 月 14 日判決／判時 2216 号 61 頁／判タ 1419 号 157 頁 ［28214209］〔棄却〕
評 釈	▶高乗正臣・平成法政研究 18 巻 2 号 1 頁 2014 年 ▶大塚直・私法判例リマークス〔50〕＜ 2015〔上〕（法律時報別冊）46 頁 2015 年 ▶横大道聡・平成 26 年度重要判例解説（ジュリスト臨時増刊 1479）20 頁 2015 年

I 名誉毀損

114

東京高裁平成 20 年 10 月 9 日判決［28150225］
◆判タ 1286 号 170 頁
〔控訴棄却〕

認定額	100 万円

被害者	医師
侵害態様	報道番組で判決内容と異なる印象を与える内容を放送
判決要旨	業務上過失致死罪で起訴された医師が第一審で無罪判決の言渡しを受けたことを報道する番組において、一般視聴者に対して、判決によって示された判断と重要な点において異なる印象を与える事実が摘示され、未熟な医師と論評されて、同医師の名誉が毀損された事案につき、100 万円の慰謝料を認めた第一審の判断が維持された事例。
上下審	第一審：【115】東京地裁平成 19 年 8 月 27 日判決／判タ 1282 号 233 頁［28131986］〔一部認容、一部棄却〕

115

東京地裁平成 19 年 8 月 27 日判決［28131986］
◆判タ 1282 号 233 頁
〔一部認容、一部棄却〕

認定額	100 万円

被 害 者	医師
侵害態様	医療過誤裁判に関するニュース報道
判決要旨	業務上過失致死罪で起訴された医師が第一審で無罪判決を受けたことを報道するテレビ番組において、一般の視聴者に当該医師が未熟で過失があった等の印象を与えるような内容の報道がされて、当該医師の名誉が毀損された事案につき、本件ニュースにより現役医師である被報道者の社会的評価が相当程度低下したこと、ニュースが放映されたのは1回だけであったこと等一切の事情を考慮して、100万円の慰謝料が認められた事例。
上 下 審	控訴審：【114】東京高裁平成 20 年 10 月 9 日判決／判タ 1286 号 170 頁［28150225］〔控訴棄却〕

I 名誉毀損

116

東京地裁平成 18 年 10 月 27 日判決 ［28132161］
◆判タ 1248 号 262 頁
〔一部認容、一部棄却〕

認定額	代表取締役 100 万円 会　　社 100 万円
被 害 者	代表取締役、会社
侵害態様	密売等に関するニュース報道
判決要旨	永住者在留資格を有するバングラデシュ人が代表取締役を務める会社が、国際電話用偽造プリペイドカードを密売して億単位の利益を上げている等のテレビの報道ニュースにより、前記バングラデシュ人及び会社の名誉が毀損された事案につき、前記事実が多数回テレビ放映されたこと、報道の内容が重大な犯罪事実に係るものであること等を考慮して、前記バングラデシュ人については 100 万円の慰謝料が、前記会社については 100 万円の無形損害が認められた事例。

117

東京高裁平成 14 年 2 月 27 日判決［28071845］
◆判時 1784 号 87 頁 / 判タ 1101 号 207 頁
〔控訴棄却、附帯控訴棄却〕

認定額	100 万円

被害者	大学生
侵害態様	集団強姦に関するワイドショー番組
判決要旨	「T 大、集団レイプ」などのテロップを用いて、大学ラグビー部の学生らが都内のカラオケボックスにおいて未成年の女性を集団で強姦したとの事実が客観的事実であるかのような印象を与えるワイドショー番組をテレビ放映して、同大学生の名誉を毀損した事案につき、同大学生に対する嫌疑には相応の根拠があったこと、テレビ局は通常の取材活動は尽くしていること等一切の事情を考慮して、100 万円の慰謝料を認容した第一審の判断が維持された事例。
上下審	**第一審**：東京地裁平成 13 年 9 月 26 日判決 / 判時 1784 号 90 頁 / 判タ 1101 号 210 頁［28071846］〔一部認容、一部棄却〕

I　名誉毀損

118

札幌地裁平成 23 年 2 月 25 日判決［28173766］
◆判時 2113 号 122 頁／判タ 1351 号 201 頁
〔一部認容、一部棄却〕

認定額	70 万円

被害者	人気ラーメン店経営者
侵害態様	テレビ番組による犯罪報道
判決要旨	人気ラーメン店の経営者が経営する建設会社が、冬期雇用安定奨励金を詐取したとして逮捕されたことを報じるテレビの報道番組により、前記経営者の名誉が毀損された事案につき、本件報道がテレビ放送によって広く社会に向けて発信されたこと、前記経営者が逮捕された旨の事実の摘示は真実であること、後に嫌疑不十分で不起訴処分になったことを報じていること等一切の事情を考慮して、70 万円の慰謝料が認められた事例。

119

新潟地裁高田支部平成 14 年 3 月 29 日判決
[28072854]
◆判時 1797 号 98 頁
〔一部認容、一部棄却〕

認定額	50 万円

被害者	前市長
侵害態様	公共工事入札介入に関する報道
判決要旨	前市長が親戚の会社に公共工事を落札させようと他の入札会社に圧力をかけた等の事実を報じるテレビの報道番組により前市長の名誉が毀損された事案につき、本件工事を取り上げること自体は不相当ではないこと、名誉を毀損する部分は本件報道のうち一部であり、しかも中心的部分ではないこと、本件報道のうち明らかな誤りの部分については、被害回復措置をとっていること等の諸事情を総合考慮して、50 万円の慰謝料が認められた事例。

120

東京地裁平成10年3月4日判決［28041143］
◆判タ999号270頁
〔一部認容〕

認定額	計40万円

被害者	被疑者
侵害態様	被疑者の人間性について報じたテレビ番組
判決要旨	1　名誉毀損を理由とする慰謝料の額は、事実審の口頭弁論終結時までに生じた諸般の事情を斟酌して裁判所が裁量によって算定するものであり、諸般の事情には、被害者の品性、徳行、名声、信用等の人格的価値について社会から受ける客観的評価が当該名誉毀損以外の理由によってさらに低下したという事実も含まれるのであるから、被害者が後に有罪判決を受けたという事実を斟酌して慰謝料の額を算定することも許される。 2　テレビ番組でロス疑惑事件の被疑者の人間性について、嘘をつく性癖があること、人間を信じられないから女をだましていること等の人物評をして同人の名誉を毀損した事案につき、本件番組を放送したのがネット局であり放送地域が限定されること、放映日が逮捕勾留された約1か月後であること等一切の事情を考慮して、各局5万円の慰謝料の支払が命じられた事例。
評釈	▶山口いつ子・法律時報71巻1号72〜75頁1999年 ▶野村豊弘、磯本典章・ジュリスト1162号141〜143頁1999年

121

千葉地裁平成 8 年 9 月 25 日判決［28021189］
◆判時 1602 号 109 頁 / 判タ 944 号 216 頁
〔一部認容、一部棄却（本訴事件）、棄却（反訴事件）〕

認定額	30 万円

被害者	市議会議員
侵害態様	テレビの政見放送における発言
判決要旨	衆議院議員選挙のテレビによる政見放送において、立候補者が、企業献金を受けないことを公約とする共産党市議が企業から公害対策費として 2 億円受け取り、その一部が共産党にいった旨の発言をして同市議の名誉を毀損した事案につき、本件発言がテレビでなされたこと及びその内容、個人名の明示がなく本件発言から対象者を特定できる者も比較的限られていること等諸般の事情を考慮して、30 万円の慰謝料が認められた事例。

I 名誉毀損

122

東京地裁平成8年3月25日判決 ［28020895］
◆判例タイムズ935号189頁
〔一部認容、一部棄却〕

認定額	20万円

被害者	被疑者
侵害態様	脅迫状を送付したと印象づけるテレビ放送
判決要旨	いわゆるロス疑惑事件の被疑者がデパートに脅迫状を送付したと印象づけるようなテレビ放送がなされたことにより、同人の名誉が毀損された事案につき、本件放送の内容、その一般国民に対する影響、本件放送当時同人が享受していた社会的評価の程度、本件放送に至るまでの同人のマスコミに対する対応等諸般の事情を考慮して、20万円の慰謝料が認められた事例。
評釈	▶前田陽一・メディア判例百選（別冊ジュリスト179）68～69頁 2005年

5.WEB

123

東京地裁平成 15 年 7 月 17 日判決［28082432］
◆判時 1869 号 46 頁
〔一部認容、一部棄却〕

認定額	会　　　社 300 万円 代表取締役 100 万円

被害者	化粧品製造販売会社、代表取締役
侵害態様	ホームページ管理者が名誉毀損に当たる発言を削除せず放置
判決要旨	ホームページの管理運営者が、他人の名誉を毀損する発言を削除する義務を負うに至ってから 2 か月半もの長きにわたり、当該発言を削除せず放置していた事案で、当該発言により社会的評価が低下するという被害を受けた化粧品製造販売会社とその代表取締役に対する不法行為責任が成立するとして、それぞれに対し 300 万円と 100 万円の慰謝料が認められた事例。
評釈	▶加賀山茂・私法判例リマークス〔31〕〈2005〔下〕〉（法律時報別冊）62 頁 2005 年

I 名誉毀損

124

東京高裁平成 14 年 12 月 25 日判決［28080740］
◆判時 1816 号 52 頁
〔控訴棄却〕

認定額	200 万円

被害者	動物病院経営会社、獣医である代表者
侵害態様	電子掲示板上の発言を放置
判決要旨	電子掲示板に他人の名誉を毀損する発言が匿名で書き込まれた事案において、その名誉毀損発言を削除するなどの措置を講じなかった同電子掲示板の管理運営者に対して、名誉を毀損された者が被った精神的・経営上の損害としてそれぞれ 200 万円の支払が命じられた事例。
上下審	第一審：【125】東京地裁平成 14 年 6 月 26 日判決／判時 1810 号 78 頁／判タ 1110 号 92 頁［28072133］〔一部認容、一部棄却〕
評 釈	▶土井悦生・Patemts & Licensing 33 巻 5 号 23 〜 26 頁 2003 年 ▶新保史生・メディア判例百選（別冊ジュリスト 179）228 〜 229 頁 2005 年

125

東京地裁平成 14 年 6 月 26 日判決 ［28072133］
◆判時 1810 号 78 頁 / 判タ 1110 号 92 頁
〔一部認容、一部棄却〕

認定額	各 200 万円

被 害 者	動物病院経営会社、獣医である代表者
侵害態様	電子掲示板上の発言を放置
判決要旨	インターネット上の電子掲示板において、動物病院経営会社及び獣医である代表者に対する名誉毀損発言がされたにもかかわらず、電子掲示板運営・管理者がその削除を怠った事案につき、名誉毀損発言が不特定多数の者の閲覧しうる状態におかれて多大な精神的苦痛を受けたこと、本件発言当時削除に関する指標となる法令等が存在しなかったこと等の事情を考慮して、前記動物病院経営会社及び代表者が被った精神的損害、経営上の損害として、それぞれ 200 万円が認められた事例。
上 下 審	控訴審：【124】東京高裁平成 14 年 12 月 25 日判決 / 判時 1816 号 52 頁 ［28080740］〔控訴棄却〕
評　　釈	▶町村泰貴・NBL742 号 6 〜 7 頁 2002 年 ▶潮見佳男・コピライト 499 号 27 〜 31 頁 2002 年 ▶町村泰貴・判例タイムズ 1104 号 85 〜 79 頁 2002 年

I 名誉毀損

126

長野地裁上田支部平成23年1月14日判決
[28173161]
◆判時2109号103頁
〔一部認容、一部棄却〕

認定額	150万円

被害者	高校校長
侵害態様	ブログにおける告訴内容の掲載
判決要旨	自殺した高校生の母親及びその依頼を受けた弁護士が、高校生の通っていた高校の校長を殺人罪・名誉毀損罪で告訴し、記者会見を開いて告訴内容を説明し、ブログに告訴状等を掲載して校長の名誉を毀損した事案につき、本件告訴等は教育者としての校長の名誉・信用に極めて重大な影響を及ぼすものであること、ブログに本件告訴状等が長期間掲載されたことにより、WEB上で校長を誹謗中傷する記載が多数なされたこと等諸般の事情を考慮して、150万円の慰謝料が認められた事例。
評釈	▶星野豊・月刊高校教育47巻7号78頁 2014年

127

仙台地裁平成 25 年 8 月 29 日判決［28221283］
◆判時 2211 号 90 頁
〔一部認容、一部棄却〕

認定額	100 万円

被害者	大学元総長
侵害態様	大学元総長の学術論文ねつ造、改ざんにつき WEB へ告発文書を掲載
判決要旨	大学の元教授らが、同大学の元総長であった研究者の金属材料科学分野に関する学術論文にねつ造、改ざんがあるとして、同大学に対し元総長を告発する旨の文書を「総長の研究不正疑惑の解消を要望する会（フォーラム）」のホームページ上に掲載して元総長の名誉を毀損した事案につき、元総長の社会的地位、本件記事が誰にでも閲覧可能なホームページに掲載されていること、本件記事の告発について委員会等で科学的合理的理由があるとはいえないとの結論が出ているのに掲載を続けていること等の事情を考慮して、100 万円の慰謝料が認められた事例。
上下審	**上告審**：最高裁平成 28 年 3 月 16 日決定［28241213］〔棄却、不受理〕 **控訴審**：仙台高裁平成 27 年 2 月 17 日判決［28231048］〔控訴棄却、附帯控訴棄却〕

I　名誉毀損

128

東京地裁平成24年1月31日判決［28181380］
◆判時2154号80頁
〔一部認容、一部棄却〕

認定額	100万円

被害者	個人事業主・システムエンジニア
侵害態様	WEBサイト内スレッドへの書き込み
判決要旨	個人事業主であるＳＥの仕事先の従業員が、仕事先会社について語るWEBサイト内のスレッドに同人が特定できる態様で「女子トイレにおいて盗撮を行っている」旨の書き込みをして、前記ＳＥの名誉を毀損した事案につき、本件書き込みの犯罪事実の摘示の程度などを勘案して、100万円の慰謝料が認められた事例。
上下審	控訴審：東京高裁平成24年6月28日判決［28181381］〔控訴棄却〕
評　釈	▶判例紹介プロジェクト・ＮＢＬ989号100頁2012年

129

東京地裁平成 22 年 1 月 18 日判決 ［28162462］
◆判時 2087 号 93 頁／判タ 1327 号 210 頁
〔一部認容、一部棄却〕

認定額	100 万円

被害者	大学教授・学会副理事長
侵害態様	WEB 上での誹謗中傷の書き込み
判決要旨	大学院医学系教授で日本病理学会副理事長を務める者に関し、同教授が厚生労働省と癒着して不当な科学研究費の付与を受けている、同教授の研究は完全に先行研究の模倣である等の記載が WEB 上でなされ、同教授の名誉が毀損された事案につき、本件各記事の内容、掲載方法、掲載期間、本件各記事が多数の人の目に触れていること、同教授の社会的地位、その他一切の事情を考慮して、100 万円の慰謝料が認められた事例。
上下審	控訴審：【131】東京高裁平成 23 年 1 月 12 日判決／判時 2114 号 58 頁［28173817］〔一部取消、一部控訴棄却〕

I 名誉毀損

130

東京地裁平成15年6月25日判決 ［28082652］
◆判時1869号54頁
〔一部認容、一部棄却〕

認定額	90万円

被害者	プロ麻雀士
侵害態様	WEB掲示板上の名誉を毀損する発言を削除せず放置
判決要旨	WEB上の電子掲示板の管理運営者が、同掲示板に他人の名誉を毀損する発言があることを認識し得たにもかかわらず、当該発言を削除せず送信を継続したことが、被害者に対する名誉毀損あるいは名誉感情を侵害する不法行為になるとされ、90万円の慰謝料が認められた事例。
評　釈	▶清水恵介・月刊税務事例37巻12号62頁2005年 ▶加賀山茂・私法判例リマークス〔31〕〈2005〔下〕〉（法律時報別冊）62頁2005年

131

東京高裁平成23年1月12日判決［28173817］
◆判時2114号58頁
〔一部取消、一部控訴棄却〕

認定額	50万円

被害者	大学教授・学会副理事長
侵害態様	WEB上での誹謗中傷の書き込み
判決要旨	大学院医学系教授で日本病理学会副理事長を務める者が、厚生労働省と密接な結びつきがあり不当な科学研究費の付与を受けている、同教授の研究は完全に先行研究の模倣である等のWEB上の記述により、同教授の名誉が毀損された事案につき、本件各記事は厚生労働科学研究補助金に関する公共の利害にかかわるもので、公益目的の高いものであり、その内容、方法、掲載期間、執筆者の作家としての知名度、名誉を毀損された者の社会的地位、その他一切の事情を総合考慮して、50万円の慰謝料が認められた事例。
上下審	第一審：【129】東京地裁平成22年1月18日判決／判時2087号93頁／判タ1327号210頁［28162462］〔一部認容、一部棄却〕

I 名誉毀損

132

東京高裁平成 21 年 6 月 17 日判決 ［28160674］
◆判時 2065 号 50 頁
〔変更〕

認定額	50 万円

被害者	ボート製造・販売会社代表者
侵害態様	自身のホームページへの誹謗中傷の書き込み
判決要旨	海釣り用のボートを購入した顧客が、ボートの転覆・沈没事故についてのボート製造・販売会社及びその代表者の対応に不満をもち、自らの開設するホームページの掲示板に一方的にボート製造・販売会社らを攻撃する発言を書き込み、これに参加した読者が過激な発言を次々と書き込むのを放置したため、前記代表者の名誉・信用が毀損された事案につき、前記代表者が被った精神的苦痛、ボート製造業の廃業に追い込まれたこと等を考慮して、50 万円の慰謝料が認められた事例。
上下審	**第一審**：静岡地裁平成 19 年 12 月 12 日判決 ［28170808］
評釈	▶浦川道太郎・私法判例リマークス〔42〕〈2011〔上〕〉（法律時報別冊）50 頁 2011 年

133

東京地裁平成 9 年 5 月 26 日判決［28021779］
◆判時 1610 号 22 頁／判タ 947 号 125 頁
〔本訴一部認容・一部棄却、反訴棄却〕

認定額	① 50 万円 ② 10 万円

被害者	電子会議室会員
侵害態様	①電子会議室における侮辱発言 ②上記侮辱発言を削除せず放置
判決要旨	1　パソコン通信を利用したフォーラムの電子会議室において、特定の会員をやゆ・侮辱する発言が書き込まれて特定会員の名誉が毀損された事案につき、発言の内容、書き込みの期間、他の会員が発言内容を読むことが可能であった期間、会員数（6000 人）、本件当時アクセスが少ない状況であったこと等諸般の事情を考慮して、書き込みをした会員に対して 50 万円の慰謝料の支払が命じられた事例。 2　同事案につき、システム・オペレーター自身が書き込みをしたのではないこと、作為義務違反が認められるのは発言の一部にとどまることを考慮して、パソコン通信の主催者及びシステム・オペレーターに対して 10 万円の慰謝料の支払が命じられた事例。

上下審	控訴審：【134】東京高裁平成13年9月5日判決／判時1786号80頁／判タ1088号94頁［28071458］〔一部控訴棄却・一部変更、附帯控訴棄却〕
評　釈	▶山口いつ子・法律時報69巻9号92〜96頁1997年 ▶三浦正広・コピライト436号38頁1997年 ▶高橋和之・ジュリスト1120号80〜91頁1997年 ▶原田肇・コピライト437号30〜37頁1997年 ▶手嶋豊・月刊法学教室206号17〜23頁1997年 ▶青柳幸一・判例セレクト'97（月刊法学教室210別冊付録）8頁1998年 ▶手嶋豊・判例評論470号（判例時報1628）189〜193頁1998年 ▶加藤新太郎・判例タイムズ965号68〜71頁1998年 ▶斉藤博・私法判例リマークス〔17〕＜1998〔下〕〔平成9年度判例評論〕＞（法律時報別冊）72〜75頁1998年 ▶松本恒雄・月刊法学教室248号21〜24頁2001年

134

東京高裁平成13年9月5日判決［28071458］
◆判時1786号80頁／判タ1088号94頁
〔一部控訴棄却・一部変更、附帯控訴棄却〕

認定額	40万円

被害者	電子会議室会員
侵害態様	電子会議室における特定の会員が犯罪者である等の発言
判決要旨	パソコン通信ネットワーク上の思想フォーラムの電子会議室において、会員の一人が嬰児殺し及び不法滞在の犯罪を犯したとする内容の発言をして標的とされた会員の名誉を毀損し、「あの女は乞食なみ」「ペテン師女」等の発言をして同人を侮辱した事案につき、発言の内容、書き込みの期間、態様が執拗で個人攻撃と評価できること、その他諸般の事情を考慮して、40万円の慰謝料が認められた事例。
上下審	第一審：【133】東京地裁平成9年5月26日判決／判時1610号22頁／判タ947号125頁［28021779］〔本訴一部認容・一部棄却、反訴棄却〕

I　名誉毀損

|評　釈|▶山下幸夫・ＮＢＬ723号34〜39頁2001年
▶岡邦俊・ＪＣＡジャーナル49巻1号56〜59頁2002年
▶潮見佳男・コピライト489号38〜41頁2002年
▶橋本佳幸・判例評論530号（判例時報1809）178〜188頁2003年
▶金子順一・平成14年度主要民事判例解説（判例タイムズ臨時増刊1125）74〜77頁2003年
▶西土彰一郎・メディア判例百選（別冊ジュリスト179）224〜225頁2005年|

135

名古屋地裁平成 15 年 9 月 12 日判決 ［28090158］
◆判時 1840 号 71 頁
〔一部認容、一部棄却〕

認定額	30 万円

被害者	歯科医師
侵害態様	厚生労働省ホームページ上での保険医登録取消処分の掲示
判決要旨	保険医の登録取消処分等の記事を保険医の再登録が可能となった後も厚生労働省がホームページに掲載し続けたことにより名誉を傷つけられたとして、歯科医師が国家賠償法1 条1 項に基づき 2500 万円の慰謝料を求めた事案で、30 万円の範囲でこれが認められた事例。

I 名誉毀損

136

東京高裁平成 24 年 8 月 29 日判決 [28212580]
◆判時 2189 号 63 頁 / 判タ 1407 号 99 頁
〔原判決変更〕

認定額	各 20 万円

被害者	新聞社
侵害態様	犯罪疑惑に関する WEB サイト記事
判決要旨	1 名誉毀損による損害額の算定に当たっては、名誉毀損の内容、表現の方法と態様、流布された範囲と態様、流布されるに至った経緯、被害者・加害者の属性、被害者の被った不利益の内容・程度、名誉回復の可能性など諸般の事情を考慮して個別具体的に判断するのが相当である。 2 本件の名誉毀損は、フリージャーナリストである加害者が、新聞社である被害者の法務室長らの業務上の行為について、刑事告訴の対象となる窃盗に該当する旨を明言するものであること、本件記載内容が被害者とされた者への最低限の取材すら行わなかった結果、真実に反するものとなっていること、WEB 上の WEB サイトへの掲載により行われたこと等諸般の事情を考慮すると、新聞社及び前記法務室長らの慰謝料の額はそれぞれ 20 万円であると認めるのが相当である。
上下審	上告審：最高裁平成 24 年 3 月 23 日判決 / 判時 2147 号 61 頁 / 判タ 1369 号 121 頁 [28180702]〔破棄差戻し〕 控訴審：東京高裁平成 22 年 4 月 27 日判決 [28180703] 第一審：さいたま地裁平成 21 年 10 月 16 日判決 [28181254]

137

千葉地裁松戸支部平成 21 年 9 月 11 日判決
[28160633]
◆判時 2064 号 88 頁
〔本訴棄却、反訴一部認容、一部棄却〕

認定額	20 万円

被害者	市議会議員
侵害態様	個人ホームページ上での誹謗中傷
判決要旨	県議会議員が、市議会議員のホームページに掲載された批判記事への反論として自らが開設するホームページに、前記市議会議員が議員海外視察訴訟を提起されたことを逆恨みして個人攻撃目的で前記批判記事を掲載し、訴訟では個人的に依頼した弁護士費用を市長に頼んで税金で負担してもらった等の記事を掲載して、前記市議会議員の名誉を毀損した事案につき、諸般の事情を考慮して 20 万円の慰謝料が認められた事例。

138

東京地裁平成 11 年 9 月 24 日判決［28051430］
◆判時 1707 号 139 頁／判タ 1054 号 228 頁
〔一部認容、一部棄却〕

認定額	各 3000 円

被害者	大学生
侵害態様	大学内ホームページへ実名で暴力トラブル等につき記載
判決要旨	大学のシステム内に開設されたホームページ上に、対立グループの学生が、相手方グループの学生が自グループの学生に暴力をふるい負傷させたこと等を実名を挙げて掲載し、記述の対象となった学生の名誉を毀損した事案につき、本件文書には被害学生を侮辱したり嘲ったりするような表現はなく、事実の記載にとどまっていること、実際に本件文書を見た者の数は限られていること、現在では本件文書掲載ページは閉鎖されていること等の事情を考慮して、1 人当たり 3000 円の慰謝料が認められた事例。
評　釈	▶近江幸治・判例評論 502 号（判例時報 1725）230 〜 234 頁 2000 年 ▶阿部満・判例地方自治 210 号 91 〜 93 頁 2001 年 ▶岡田行雄・大学と法——高等教育 50 判例の検討を通して（JUAA 選書 13）405 〜 413 頁 2004 年

6. 広報

139

東京地裁平成 24 年 1 月 27 日判決 [28180942]
◆労経速報 2135 号 22 頁
〔一部認容、一部棄却〕

認定額	200 万円

被害者	労働組合組合員
侵害態様	労働組合機関紙での統制違反処分の公示
判決要旨	労働組合が行った統制違反処分（期間を定めない全権利の停止処分）によって組合員としての地位を剥奪され、同処分が公示行為及び報道によって周知されることによって著しく名誉を毀損された本件組合員の慰謝料として、200 万円が認められた事例。

I 名誉毀損

140

東京地裁平成 15 年 8 月 22 日判決 ［28090144］
◆判時 1838 号 83 頁
〔一部認容、一部棄却〕

認定額	60 万円
被害者	大学教授
侵害態様	理事会の法学部長選出不承認決裁に関する学内広報への掲載
判決要旨	教授会で大学の法学部長に選出された大学教授に対する理事会の不承認裁決書が大学広報に掲載されて、同大学教授の名誉が毀損された事案につき、掲載紙の性格からみて同大学教授の社会的評価の低下は大学内部にとどまると考えられること、大学内部においては意見書の内容が間違っていると認識する者が多数存在すること、同大学教授は精神的に多大な苦痛を受けたこと等を考慮して、60 万円の慰謝料が認められた事例。

141

東京地裁平成 21 年 3 月 18 日判決 [28151664]
◆判時 2040 号 57 頁 / 判タ 1298 号 182 頁
〔一部認容、一部棄却〕

認定額	事務局長 50 万円 職 員 各 30 万円
被害者	財団法人事務局長、職員
侵害態様	不正行為に関する記事の機関紙への掲載
判決要旨	刀剣類の保存等を目的とする財団法人の会長が、事務局長らが専務理事名義の文書を偽造して文化庁に提出し、お手盛りで給与を不正に増額するなど、違法ないし不当な行為を行ったとの訓辞をし、同事実を財団法人の機関誌に掲載して事務局長らの名誉を毀損した事案につき、会長と事務局長らとの立場の違い、本件情報の伝播範囲、本件当時事務局長らの言い分を取り上げる新聞雑誌報道もあったこと等諸般の事情を考慮して、事務局長に対しては 50 万円、その他の職員に対しては各 30 万円の慰謝料が認められた事例。

I 名誉毀損

142

前橋地裁平成9年2月18日判決［28030809］
◆判時1630号106頁
〔一部認容、一部棄却〕

認定額	40万円

被害者	住民による任意団体
侵害態様	役場内座談会での不当な発言及び広報誌への掲載
判決要旨	村議会議長が、村役場内で開かれた座談会の席上で、村内の区画整理事業に批判的な立場の住民により結成された任意団体に対して、同団体の幹部は区画整理事業の基本的なことも理解していないとの趣旨の発言をし、これが広報誌に掲載されたことにより同団体の名誉が毀損された事案につき、本件被害の状況、村議会議長の同団体に対する対応、名誉回復措置として謝罪文の郵送を命じたこと等を考慮して、それぞれ20万円（合計40万円）の慰謝料が認められた事例。

143

大津地裁平成8年10月14日判決［28022246］
◆判時1623号118頁／判タ944号194頁
〔一部認容、一部棄却〕

認定額	20万円

被害者	労働組合事務局女性職員
侵害態様	事務局を非難、攻撃しているとする機関紙での記載
判決要旨	民間労働組合地方組織事務局の女性職員の女性差別、暴行等を理由とする裁判所への調停申立てがマスコミに取り上げられたことに対し、同地方事務局が機関紙において自己の主張を記載するにとどまらず、同女性職員が様々な手段・方法を用いて事務局を非難・攻撃し、脅しともいえる行為を繰り返してきている等の記事を掲載して、同女性職員の名誉を毀損した事案につき、20万円の慰謝料が認められた事例。

7. 文書・ビラ

144

東京地裁平成7年5月30日判決［27828258］
◆判タ888号209頁
〔一部認容〕

認定額	300万円

被害者	信用金庫
侵害態様	役員・幹部職員の杜撰経理等を告発するチラシの配布
判決要旨	信用金庫の役員その他の幹部職員の杜撰経理等を告発するチラシを多数の者に配付して信用金庫の名誉を毀損した事案につき、2度の文書配付禁止の仮処分命令に違反して多数回にわたってチラシが配付されたこと、信用金庫に生じた社会的評価の低下の程度等諸般の事情を考慮して、300万円の慰謝料が認められた事例。

145

東京地裁平成 26 年 7 月 7 日判決　[28230145]
◆判時 2239 号 82 頁 / 判タ 1421 号 323 頁
〔一部認容、一部却下、一部棄却〕

認定額	弁　　護　　士 250 万円 弁護士事務所 100 万円
被害者	弁護士、弁護士事務所
侵害態様	誹謗中傷文言を大書した紙を自動車に貼り付け掲示
判決要旨	1　弁護士及び弁護士事務所に対する誹謗中傷文言を大書した紙を自動車に貼り付け掲示した行為につき、同弁護士らに対する嫌がらせを目的として、一連の行為として全体的に、同弁護士らに対する名誉及び信用等の人格的利益を侵害する違法行為であり、また、同内容の書面を前記事務所に郵送又はファックス送信した行為につき、同弁護士らの名誉感情等の人格権及び同事務所の営業的権利等を侵害する違法行為であるとして、不法行為を構成するとされた事例。 2　前記事案において、前記弁護士の慰謝料として 250 万円、前記弁護士事務所が被った損害に対する損害額として 100 万円が認められた事例。

》7 文書・ビラ

I 名誉毀損

146

東京地裁平成27年6月29日判決 ［28240588］
◆判時2278号73頁
〔本訴一部認容、一部棄却、反訴棄却〕

認定額	会　　　社 200万円 代表取締役 100万円

被害者	会社、代表取締役
侵害態様	違法行為が行われている旨の文書を株主、取引先等に送付
判決要旨	株式会社の取締役を解任された者が、会社において不正経理（循環取引を含む）等の違法行為が行われている、役員が暴力団と交流している等の事実を記載する文書を本件会社の株主、役員、従業員、取引先、新聞社に送付して、会社及びその代表取締役の名誉・信用を毀損した事案につき、本件名誉毀損行為に至った経緯、同行為の内容・相手方、被害者らが被った不利益の内容等一切の事情を考慮して、会社については200万円、代表取締役については100万円の損害賠償が認められた事例。

147

名古屋地裁平成 24 年 1 月 25 日判決 ［28181466］
◆労判 1047 号 50 頁
〔一部認容、一部棄却〕

認定額	150 万円

被 害 者	労働組合分会長
侵害態様	誹謗中傷文書の送付
判決要旨	1　いわゆる産業別単一労働組合の分会長等を務める者に対して、会社が分会及び当該分会長の自宅に誹謗中傷文書を送り当該分会長の名誉、品性及び信用について社会から受ける客観的評価を低下させ、不当な業務命令により当該分会長の人権権を侵害したとして、当該会社及びその代表者の不法行為責任が認められた事例。 2　前記不法行為につき、本件事実及び本件に現れた諸般の事情を総合考慮し、150 万円の慰謝料が認められた事例。
評　　釈	▶高木輝雄・労働法律旬報 1770 号 28 頁 2012 年 ▶桑村裕美子・法学〔東北大学〕78 巻 4 号 68 頁 2014 年

》7 文書・ビラ

I 名誉毀損

148

東京地裁平成19年6月25日判決［28140420］
◆判時1989号42頁
〔一部認容、一部棄却〕

認定額	150万円

被害者	弁護士
侵害態様	実家への文書送付、ホームページへの書き込み
判決要旨	行政書士が、正当な懲戒請求申立てを逆恨みして、同申立てをした弁護士に対し、直接の面談を要求し、同弁護士の実家まで架電し、あるいは不相当な言辞を含むファックス送信や文書送付を繰り返す、同弁護士の開設するホームページに同弁護士について虚偽告訴罪に抵触の疑義・嫌疑ありとする記事を書き込む、同弁護士に対する懲戒申立てを行う、という一連の行動により、同弁護士は多大な精神的苦痛を被ったとして、慰謝料150万円が認められた事例。
評　釈	▶市民と法51号61頁2008年

149

東京地裁平成26年7月9日判決 ［28224887］
◆判時2236号119頁
〔一部認容、一部棄却〕

認定額	100万円

被害者	弁護士
侵害態様	誹謗中傷文書をFAXで送信等
判決要旨	成年後見人に選任された弁護士が被後見人が代表取締役を務める会社の解散手続をしようとしたところ、当該会社の確定申告手続を行っていた税理士が、(1)約2か月にわたり誹謗中傷し成年後見人の辞任、弁護士の廃業を求める文書36通をファックス送信し、(2)区民社会福祉協議会の運営する「サポートC」に悪徳弁護士は成年後見人・「サポートC」の専門相談員にふさわしくないとの意見を述べ、(3)弁護士会に懲戒請求をし、(4)家裁後見センターに上申書を提出して、前記弁護士の名誉を毀損し業務を妨害した事案につき、100万円の慰謝料が認められた事例。

150

水戸地裁平成26年4月11日判決　[28230335]
◆労判1102号64頁
〔一部認容、一部棄却〕

認定額	①各40万円 ②各60万円

被害者	大学教授
侵害態様	①教職員相手の学長所見 ②文書による教職員への一斉配信
判決要旨	1　大学教授2名が学部長などからハラスメントを受けたとして訴訟を提起し記者会見をしたのに対する教職員あての学長所見が教授らの名誉を毀損するとした事例で、社会的評価に影響を与えた範囲は限定されていることから、精神的損害の額は、それぞれ40万円とするのが相当とされた事例。 2　前記事案に係わる訴訟で、大学教授らは公式会議を私的に録音した録音記録を提出したのに対して、大学が私的録音禁止決定に反し、大学人としてのモラルと良識に反する（記述1）、断じて許されない（記述2）とする文書を教職員に一斉配信・掲示した行為が教授らの社会的評価を大きく低下させるとした事案で、社会的評価低下の範囲は学内に限定されるなど一切の事情を考慮すると、精神的損害の額は、それぞれ60万円とするのが相当とされた事例。

151

東京高裁平成 24 年 12 月 17 日判決［28212715］
◆判時 2190 号 27 頁／判タ 1408 号 83 頁
〔変更〕

認定額	① 60 万円 ② 50 万円

被害者	海運業及び海運業代理店を営む会社
侵害態様	①誹謗中傷ビラの配布 ②労働組合機関紙への誹謗中傷記事の掲載
判決要旨	1　船員等により組織される労働組合が、海運業及び海運業代理店を営む会社の本社ビル前及びその周辺において、前記会社は、⑴フィリピン人船員を長期間にわたり国際的・社会的水準以下の条件で雇い入れ、船員の基本的人権を無視し賃金を搾取するような会社である、⑵昨年末、米国海域において廃油を流出させ、環境保全法に問われるなど、社会的問題を引き起こした旨を記載したビラを配布して、前記会社の名誉を毀損した事案につき、本件不法行為の内容・程度・態様等諸般の事情を考慮して、60 万円の慰謝料が認められた事例。 2　前記労働組合が、その発行する新聞に、前記会社を「ITF 労働協約を結ばない悪徳船主である」旨の記載のある記事を掲載して前記会社の名誉を毀損した事案につき、本件不法行為の内容・程度・態様等諸般の事情を考慮して、50 万円の慰謝料が認められた事例。

I 名誉毀損

上下審	第一審：東京地裁平成 24 年 3 月 12 日判決／判時 2190 号 38 頁［28212716］〔棄却〕
評　釈	▶長谷川俊明・国際商事法務 41 巻 10 号 1448 頁 2013 年

152

東京地裁平成 24 年 12 月 19 日判決　[28212581]
◆判時 2189 号 71 頁
〔一部認容、一部棄却〕

認定額	50 万円

被害者	会社代表取締役
侵害態様	代表取締役の適格性に関する文書を株主へ配布
判決要旨	会社の株主が、同社の代表取締役の解任等を決議するための株主総会に先立って、代表取締役の適格性に関わる事実関係を記載した文書を他の株主に送付して前記代表取締役の名誉を毀損した事案につき、本件文書送付による社会的評価の低下の程度、株主の判断に与えた影響、反論・反駁の機会があったこと、本件文書送付の経緯等の事情を考慮して、50 万円の慰謝料が認められた事例。
評　釈	▶清水太郎・上智法学論集 58 巻 3・4 号 177 頁 2015 年

I　名誉毀損

153

東京地裁平成 9 年 8 月 28 日判決［28033293］
◆判タ 983 号 254 頁
〔一部認容〕

認定額	生　徒 50 万円 保護者 20 万円

被 害 者	生徒、保護者
侵害態様	いじめ・いたずらに対する報復等としての謝罪要求及びビラ配布
判決要旨	いじめバスターズとしてマスコミで知られた者が、いじめ・いたずらに対する報復等として、いたずらに参加したとする生徒ら及び保護者に繰り返し面談と謝罪を要求し、いじめに参加したとされる生徒らを誹謗するビラを再三にわたって多数配付した事案につき、被害生徒らは前記各行為によってその名誉を毀損され、特に高校受験を控えて加害者の示唆する様々な報復行為を恐れる不安にさらされたことが認められるとして、前記不法行為の回数、態様、その内容を総合勘案し、それぞれ 50 万円、20 万円の慰謝料が認められた事例。
評　釈	▶藤澤奈央・月刊高校教育 37 巻 7 号 67 〜 73 頁 2004 年

154

知的財産高裁平成22年3月29日判決 [28160876]
◆判タ1335号255頁
〔原判決変更〕

認定額	①会　社　　15万円 　代表取締役 15万円 ②計 30万円

被害者	会社、代表取締役、株主
侵害態様	①株主へ、代表取締役が不正している旨を記載した文書の配布 ②株主総会において、文書送付者に対する不適切発言
判決要旨	1　同族会社の株主の1人とその夫が、他の株主に対して、株主の1人である代表取締役が、横領行為を行うなどして会社を私物化している、会社は技術低下や不正仕入れ等のために経営状態が悪化している等の事実を摘示する文書を送付して、会社及び代表取締役の名誉を毀損した事案につき、本件文書は継続して4回送付されたこと、送付先は会社の株主で代表取締役と親族関係にある者に限定されていること等を考慮して、会社と代表取締役それぞれに15万円の損害賠償が認められた事例。

I 名誉毀損

2 前記代表取締役及び取締役の1人（代表取締役の相続人）が、株主総会で文書を送付した株主が横領犯人である、前記株主は精神病を患っている等の発言をして、前記株主の名誉を毀損した事案につき、本件発言はいずれも株主総会における取締役の発言であること、株主総会の出席者は4人と少人数であったこと等を考慮して、横領犯人発言については10万円、精神病罹患発言については20万円の慰謝料が認められた事例。

| 上下審 | **第一審**：東京地裁平成20年11月28日判決／裁判所ウェブ［28152951］〔一部認容、一部棄却〕 |

155

東京地裁平成 22 年 3 月 29 日判決 ［28170280］
◆判時 2099 号 49 頁
〔一部認容、一部棄却〕

認定額	30 万円

被害者	弁護士
侵害態様	不倫を行っている等の文書の送付
判決要旨	共同経営に係る法律事務所の所属弁護士の 1 人が、多数の人に対し、もう 1 人の弁護士が不倫をしているなどの文書を送付したり告げて回るなどして、もう 1 人の弁護士の名誉を毀損した事案につき、本件不法行為の態様その他一切の事情を考慮して、30 万円の慰謝料が認められた事例。
評釈	▶市民と法 70 号 43 頁 2011 年

I　名誉毀損

156

大阪地裁平成 21 年 1 月 15 日判決［28150842］
◆労経速報 2032 号 11 頁
〔一部認容、一部棄却〕

認定額	30 万円

被害者	弁護士
侵害態様	誹謗中傷ビラの配布、ホームページへの掲載
判決要旨	労働組合が、「使用者の理事であり弁護士である者が使用者の委任を受けずに使用者の代理人弁護士として団体交渉に当たった行為が弁護士法違反に当たる」旨の内容を記載したビラを配布し、組合のホームページに同様の内容を掲載して、前記弁護士の名誉を毀損した事案につき、本件掲載の内容及び態様、本件記載をするに至った経緯、名誉毀損の内容及び態様、前記弁護士の被った無形損害の内容・程度等を総合して、30 万円の慰謝料が認められた事例。
上下審	控訴審：大阪高裁平成 21 年 10 月 23 日判決／労経速報 2061 号 26 頁［28160580］〔棄却〕

157

東京高裁平成 20 年 6 月 26 日判決 ［28151418］
◆労判 978 号 93 頁
〔棄却〕

認定額	会　社 10 万円 代表者 10 万円 その妻 30 万円

被 害 者	会社、代表者、その妻
侵害態様	会社代表者自宅近隣、取引先でのビラ配布
判決要旨	労働組合が、解雇の不当を訴えるビラにおいて、一般通常人に対して会社の代表者夫妻が会社財産を私物化して横領又はそれに類する非違行為をしたとの印象を与える内容の記載をして、代表者らの名誉を毀損するとともに会社の信用を毀損した事案につき、本件ビラの記載内容、代表者の自宅近隣や会社の取引先に配布するという配布態様、回数、その他一切の事情を考慮して、会社につき 10 万円、代表者につき 10 万円、代表者の妻につき 30 万円の損害賠償が認められた事例。
上 下 審	**第一審**：【158】東京地裁平成 19 年 11 月 29 日判決／労判 957 号 41 頁 ［28141367］〔一部認容、一部棄却〕
評　　釈	▶井上幸夫・労働法律旬報 1687・1688 号 87 頁 2009 年

》7 文書・ビラ

I 名誉毀損

158

東京地裁平成19年11月29日判決 ［28141367］
◆労判957号41頁
〔一部認容、一部棄却〕

認定額	会社経営者10万円 その妻30万円

被害者	会社経営者、その妻
侵害態様	会社経営者を誹謗中傷するビラを取引先等に配布
判決要旨	1　労働組合が、会社経営者とその妻が会社の資産を私物化し、横領に対する調査を回避するために労働者を解雇したという事実を摘示するビラを会社の取引先に郵送し、会社経営者の自宅の近隣の郵便受けに投函して会社の信用を毀損し、会社経営者及びその妻の名誉・信用を毀損した事案につき、会社経営者については、解雇をめぐる行動について落ち度が認められるとしても、横領をしたかのような本件ビラによって名誉が毀損されたことを考慮して10万円の慰謝料が認められた事例。 2　前記事案につき、会社経営者の妻については、会社の一従業員の身でありながら被害を受けたことを考慮して、30万円の慰謝料が認められた事例。
上下審	控訴審：【157】東京高裁平成20年6月26日判決／労判978号93頁［28151418］〔棄却〕
評釈	▶小宮文人・法学セミナー54巻6号133頁2009年 ▶和田肇・ジュリスト1384号154頁2009年 ▶井上幸夫・労働法律旬報1687・1688号87頁2009年

159

大阪地裁堺支部平成15年6月18日判決[28082648]
◆判タ1136号265頁
〔一部認容、一部棄却〕

認定額	各30万円

被害者	生活協同組合職員
侵害態様	内部告発した職員を誹謗中傷する文書を配布
判決要旨	副理事長と専務理事の不正行為について内部告発した市民生活協同組合の職員らに対し、専務理事が、生協の乗っ取りをはかる集団であるとか、本件内部告発が誹謗中傷、事実の捏造で悪意に満ちたものである等と決めつける文書を配布し、その旨の発言をしてその名誉を毀損した事案につき、それぞれ30万円の慰謝料が認められた事例。
評　釈	▶升田純・NBL765号4頁2003年 ▶河原林昌樹・季刊労働者の権利253号29頁2004年 ▶大塚和成・銀行法務2148巻3号64頁2004年 ▶小宮文人・法学セミナー49巻12号121頁2004年 ▶奥田香子・平成15年度重要判例解説（ジュリスト臨時増刊1269）230頁2004年

》7 文書・ビラ

160

東京地裁平成 9 年 4 月 21 日判決 ［28031090］
◆判タ 969 号 223 頁
〔一部認容〕

認定額	30 万円

被害者	芸能人
侵害態様	犯罪に関与しているとするＦＡＸの送付
判決要旨	テレビ番組のレギュラー出演者について、恐喝容疑で警察が内偵中である、暴力団と関係がある等と記載した文書を番組あてにファックスで送付し、前記出演者の名誉を毀損した事案につき、本件書面の内容、送付の方法、被害者の職業など一切の事情を考慮して 30 万円の慰謝料が認められた事例。

161

東京地裁平成7年11月21日判決［28010144］
◆労判687号36頁
〔一部認容、一部棄却〕

認定額	30万円

被害者	被告会社を辞め新会社を設立した者
侵害態様	金銭上のトラブルに関する文書の配布
判決要旨	旧会社が、旧会社との雇用契約を合意解除したうえ新会社を設立した者が旧会社に在籍中に業務にかかわる「金銭上のトラブルが発生」とする文書並びに同種の裁判事例の新聞記事の写しを、旧会社並びに関連会社の全従業員に配布したことは、その目的及び範囲の点で社会的相当性を逸脱しており、正当な業務とはみられず違法であるが、配布文書の内容、目的、範囲、配布文書に書かれていたことが事実であること、その他諸般の事情を考慮すれば、精神的苦痛に対する慰謝料としては、30万円が相当である。

I 名誉毀損

162

東京地裁平成 19 年 7 月 24 日判決 ［28140293］
◆判タ 1256 号 136 頁
〔一部認容、一部棄却〕

認定額	1 万円

被害者	労働組合中央執行委員長
侵害態様	誹謗中傷ビラの掲示
判決要旨	労働組合が、対立関係にある労働組合の中央執行委員長の発言に関する記事や中央執行委員長を面白おかしく下品に描いたイラストを記載したビラを事業所内の 6 か所の掲示板に掲示して、中央執行委員長の名誉を毀損した事案につき、被害者は労働組合の中央執行委員長であるから、名誉毀損であることが認められれば、その事実を組合の掲示板に掲示するなど名誉回復のために必要かつ相当な措置をとることが可能であることなどの事情を考慮して、1 万円の慰謝料が認められた事例。

8. メール

163

東京地裁平成26年9月5日判決［28232677］
◆判時2259号75頁
〔一部認容、一部棄却〕

認定額	男　性 10万円 その妻 20万円

被害者	不貞行為の相手方男性及びその妻
侵害態様	メール・電話による知人らへの告知
判決要旨	1　ニューヨークに居住する不貞行為の相手方女性が、日本とニューヨークを往復して生活する不貞行為の相手方男性について、精神病で通院し、多数の女性と関係をもっていることなどの事実をメール及び電話でニューヨークの知人らに告知して、不貞行為の相手方男性の名誉を毀損した事案につき、本件告知内容が全く虚偽とまではいえないこと、本件メール及び電話の回数その他一切の事情を考慮して、10万円の慰謝料が認められた事例。 2　前記夫の不貞行為の相手方女性が前記不貞行為の相手方男性の妻について、同人がありもしない不貞行為を疑って何度も前記女性の職場に乗り込むという異常な行動をしたなどの事実をニューヨークの前記男性の知人らにメール及び電話で告知して、前記妻の名誉を毀損した事案につき、妻が不貞行為を疑って面談を求めること自体は異常な行動とはいえないから、メールや電話の中心的部分は同人の社会的評価を低下させるとまではいえないこと、本件メール及び電話の回数その他一切の事情を考慮して、20万円の慰謝料が認められた事例。

I　名誉毀損

評　釈	▶判例紹介プロジェクト・ＮＢＬ 1060 号 73 頁 2015 年 ▶種村佑介・ジュリスト 1496 号 115 頁 2016 年 ▶山田恒久・速報判例解説〔19〕（法学セミナー増刊）325 頁 2016 年 ▶渡辺惺之・私法判例リマークス〔53〕＜ 2016〔下〕（法律時報別冊）146 頁 2016 年 ▶中西康・平成 27 年度重要判例解説（ジュリスト臨時増刊 1492）302 頁 2016 年

164

東京高裁平成 17 年 4 月 20 日判決 ［28111490］
◆労判 914 号 82 頁
〔原判決変更、一部認容、一部棄却〕

認定額	5 万円

被害者	課長代理
侵害態様	職場内での誹謗中傷メールの配信
判決要旨	会社の上司が課長代理及び職場の同僚十数名に「課長代理は意欲がない、やる気がないなら会社を辞めるべき…」等のメールを送信して、前記課長代理の名誉感情を毀損した事案につき、メール送信の目的、表現方法、送信範囲等を総合考慮して、5 万円の慰謝料が認められた事例。
上下審	上告審：最高裁平成 17 年 9 月 20 日決定 ［28171348］〔不受理〕 第一審：東京地裁平成 16 年 12 月 1 日判決／労判 914 号 86 頁 ［28111491］〔棄却〕
評　釈	▶山田省三・労働法学研究会報 57 巻 18 号 26 頁 2006 年

I 名誉毀損

9. 人事

165

東京地裁平成 15 年 7 月 15 日判決 ［28090994］
◆労判 865 号 57 頁
〔一部認容、一部棄却〕

認定額	400 万円

被害者	医学部助教授
侵害態様	衆人環視下での退職勧奨文書の配布及び侮辱的な発言
判決要旨	医学部の教授が、同じ研究室の助教授の退職勧奨文書を配布したり同旨の発言をする行為が、衆人環視の下でことさらに侮辱的な表現を用いた名誉毀損行為であると認められた事案で、助教授に 400 万円の慰謝料が認められた事例。

166

東京高裁平成27年8月26日判決 [28234338]
◆判時2302号117頁
〔原判決取消〕

認定額	300万円

被害者	労働保険事務組合職員
侵害態様	セクハラ事件和解成立後の和解条項違反
判決要旨	1　労働保険事務組合と女性職員との間でセクハラ問題をめぐって前訴で裁判上の和解が行われた事案で、労働保険事務組合副会長が、前訴和解に至ったことについての説明で、女性職員は問題行動をする職員であるとの印象をもたせ、その社会的評価を著しく低下させ、名誉を毀損したとして不法行為責任が認められた事例。 2　前記事案で、前訴和解後も、和解に反する行動をとり続け、休職を余儀なくされたことなどの事情を総合的に判断すると、慰謝料300万円とするのが相当とされた事例。
上下審	**上告審**：最高裁平成28年2月17日決定 [28240969]〔不受理〕 **第一審**：横浜地裁平成27年1月30日判決／判時2302号122頁 [28234339]〔棄却〕

I 名誉毀損

167

長崎地裁平成 23 年 11 月 30 日判決 ［28181171］
◆労判 1044 号 39 頁
〔一部認容、一部棄却〕

認定額	200 万円

被害者	大学教員
侵害態様	無効な懲戒処分
判決要旨	大学による無効な懲戒処分により教育研究をする権利、名誉等の権利が侵害された大学教員につき、その精神的苦痛に対する慰謝料として 200 万円が認められた事例。
上下審	**控訴審**：福岡高裁平成 24 年 4 月 24 日判決 / 判タ 1383 号 228 頁 ［28210226］〔控訴棄却、新請求認容〕
評　釈	▶北爪宏明・季刊労働者の権利 295 号 30 頁 2012 年

168

東京地裁平成 22 年 6 月 29 日判決 ［28163428］
◆判タ 1357 号 127 頁
〔一部認容、一部棄却〕

認定額	200 万円

被害者	業界紙編集長
侵害態様	懲戒解雇及び業界紙での報告
判決要旨	業界紙の編集長が、同紙に掲載したグラフやランキング表を自己の執筆する書籍に掲載したことを理由に、業界紙発行会社が同人を懲戒解雇し、同紙にその旨の社告を掲載したことが不法行為を構成するとされた事案につき、本件懲戒解雇・名誉毀損の違法性の重大さ、突然違法な懲戒解雇によりキャリアを絶たれ、そのことを業界内のみならず広く一般社会に公表されて多大な精神的苦痛を被ったこと等一切の事情を考慮して、200 万円の慰謝料が認められた事例。
評釈	▶原俊之・労働法学研究会報 62 巻 10 号 20 頁 2011 年 ▶大石玄・季刊労働法 232 号 173 頁 2011 年

I 名誉毀損

169

名古屋地裁平成8年3月13日判決［28011480］
◆判時1579号3頁／判タ926号120頁
〔一部認容、一部棄却〕

認定額	各100万円及び200万円

被 害 者	従業員
侵害態様	人事上の不利益処遇
判決要旨	労働者が、共産党員又はその同調者であることを理由に差別賃金相当額の損害を被ったほか、年功序列的運用実態の認められる会社の人事・賃金制度の下で、通常生じえないような著しい格差をつけられるなどの人事上不利益な処遇を受けた事案につき、被差別労働者が人間として有する名誉感情等を著しく傷つけられたことは想像に難くないとして、被差別労働者の事情によって各自100万円及び200万円の慰謝料が認められた事例。
評　　釈	▶荒川和美・労働法律旬報1384号6〜9頁1996年 ▶小山剛・法学セミナー43巻5号64〜66頁1998年

170

大阪地裁平成 11 年 3 月 31 日判決 ［28042631］
◆労判 767 号 60 頁
〔一部認容、一部棄却〕

認定額	倉庫管理責任者 150 万円 そ の 部 下 100 万円

被 害 者	倉庫管理責任者、その部下
侵害態様	懲戒解雇理由等について得意先に通知
判決要旨	1　洋酒の輸入販売を業とする会社が、洋酒の在庫不足を倉庫管理責任者及びその部下の横領によるものであるとして両名を告訴し、懲戒解雇し、その事実を得意先等に書面で通知した事案につき、本件告訴及び懲戒解雇は、倉庫管理責任者が保税事務を怠っていたことに端を発するものであること、その他一切の事情を考慮して、倉庫管理者について 150 万円の慰謝料が認められた事例。 2　同事案につき、倉庫管理責任者の部下については、何らの非も認められないこと、その他一切の事情を考慮して、100 万円の慰謝料が認められた事例。

171

東京地裁平成 10 年 9 月 25 日判決［28041241］
◆判時 1674 号 88 頁／判タ 1004 号 204 頁
〔一部認容、一部棄却〕

認定額	100 万円

被害者	元大蔵省審議官
侵害態様	不正融資事件に関する週刊誌記事
判決要旨	銀行の不正融資事件に関与した者の異動を阻止するため、大蔵省審議官が自己の地位を利用して銀行上層部に働きかけをした等の印象を与える写真週刊誌の記事により、同審議官の名誉が毀損された事案につき、本件記事により公正、廉潔を求められている公務員たる同審議官の名誉、信用が著しく毀損されたこと、日常の職務、人事、友人関係にも少なからぬ影響があったこと等諸般の事情を考慮して、100 万円の慰謝料が認められた事例。
上下審	**控訴審**：東京高裁平成 11 年 6 月 30 日判決／判時 1695 号 77 頁／判タ 1004 号 292 頁［28042135］〔変更〕

172

大阪地裁平成 25 年 11 月 8 日判決 ［28221520］
◆労判 1085 号 36 頁
〔一部認容、一部却下、一部棄却〕

認定額	80 万円

被 害 者	私立高校教諭
侵害態様	女性教員の虚偽の事実を含む被害申告
判決要旨	1　私立高校の教諭が同僚の女性教員に対して暴行及びわいせつ行為を行ったとして懲戒解雇されたことにつき、女性教員の被害申告は、事実認定されれば懲戒解雇に処せられる可能性が高いうえ、名誉を毀損する内容であるところ、本件教諭の不誠実な態度に対する怒りから虚偽の事実を含む被害の申告をしたものと認められ、不法行為に当たるとされた事例。 2　前記事案において、虚偽が含まれている部分が一情状として考慮された可能性も否定できないが、それを認めるに足りる証拠がない等の事情を総合考慮し、慰謝料として 80 万円が認められた事例。

I 名誉毀損

173

東京地裁平成 14 年 9 月 3 日判決 ［28080470］
◆労判 839 号 32 頁
〔一部認容、一部却下、一部棄却〕

認定額	55 万円

被害者	元従業員
侵害態様	懲戒解雇理由についての社員への告知
判決要旨	在職中に不正経理を行ったとして会社が元従業員の辞職の効力発生後に懲戒解雇をし、そのことを広く社員に通知した行為が違法とされた事案において、懲戒解雇の原因が元従業員自身にあり、また、同人が懲戒解雇前に再就職していたこと等を考慮して、55 万円の慰謝料が認められた事例。
評　釈	▶神吉知郁子・ジュリスト 1260 号 251 〜 254 頁 2004 年 1 月 1 日

174

東京地裁平成20年12月5日判決［28153072］
◆判タ1303号158頁
〔一部認容、一部棄却〕

認定額	50万円

被害者	大学教授
侵害態様	懲戒解雇につき学内ネットワーク上掲示板に公示
判決要旨	大学教授が、無許可で語学学校講師をしたこと、同時通訳業に従事するため休講したこと等を理由に懲戒解雇され、その旨が学内ネットワーク上の掲示板に公示された事案において、本件懲戒自体によって被った精神的苦痛については本件懲戒の無効が確定することによって専ら慰謝されるべきものであり、本件公示による事実も斟酌し、50万円の慰謝料が認められた事例。

I 名誉毀損

175

名古屋地裁平成20年7月11日判決［28153022］
◆判タ1305号204頁
〔一部認容、一部棄却〕

認定額	① 30万円 ② 30万円

被害者	権利能力なき社団構成員
侵害態様	団体内での①不当な扱い、②除名処分及びその公表
判決要旨	1　権利能力なき社団Aの代表者が他の構成員を会員でないと扱い、その旨公表して当該構成員の人格権を侵害したことについて、かかる行為は、Aの対内的な活動に関連する代表者の行為であり、被用者がこれを補助したとしても、Aが民法715条によってその責任を負うことはないとされた事例。 2　前記1の不法行為に関与した権利能力なき社団Bの事務局員の行為について、Bと当該事務局員との使用関係を肯定したうえで、Bに使用者責任に基づく30万円の慰謝料支払が命じられた事例。 3　前記2の事務局員が、権利能力なき社団Aの要請を受けてその常任理事会に出席し、Aの構成員の除名処分及びその公表に関与した違法行為について、権利能力なき社団Bに使用者責任に基づく30万円の慰謝料支払が命じられた事例。
評釈	▶藤井聖悟・平成21年度主要民事判例解説（別冊判タ29）24頁 2010年

176

千葉地裁松戸支部平成 12 年 8 月 10 日判決
[28060485]
◆判時 1734 号 82 頁 / 判タ 1102 号 216 頁
〔一部認容・一部棄却〕

認定額	① 10 万円 ② 30 万円
被 害 者	女性市議会議員
侵害態様	①市議会棟内での不当な発言 ②活動報告紙への侮辱的な内容の掲載
判決要旨	1　市議会棟内で男性議員が行った「男いらずの乙山さん」との発言は、市議会議員として保持すべき品位を欠いた女性蔑視の侮辱的な発言であり、その発言の内容・回数（1 回）、発言の前後の状況、その後の経緯、それにより女性議員が受けた精神的苦痛に対する慰謝料は、金 10 万円が相当である。 2　男性市議会議員が、自らの活動報告紙に、女性議員の名の上に、「オトコいらず」とルビを振り不特定多数の人に対して配付した行為の内容、態様、前記行為が女性議員が訴訟において、「男いらず」との言葉に不快を表明した後に敢行されたものであること、これにより女性議員が受けた精神的苦痛の内容・程度その他諸般の事情を考慮すると、女性議員の受けた精神的苦痛に対する慰謝料は、金 30 万円が相当である。

I　名誉毀損

177

札幌地裁平成23年4月25日判決 ［28174667］
◆労判1032号52頁
〔一部認容、一部棄却〕

認定額	① 20万円 ② 20万円

被害者	温泉旅館を営む会社の常務執行役員兼総料理部長
侵害態様	①左遷ないし降格と受け取られる人事異動 ②その後の解雇
判決要旨	1　温泉旅館業を営む会社及び代表取締役が、同社の常務執行役員で総調理部長であった者に一介の調理人同然に補助業務をさせ、その他雑務も指示したことは、左遷ないし降格と受け取られる人事異動といういうこと等に照らすと、かかる人事上の不利益処分は、故意に名誉ないし社会的評価を傷つけた違法なものとして不法行為を構成する。 2　前記常務執行役員で総調理部長であった者を執行役員を解任し調理部顧問に配属して解雇したことには、客観的に合理的な理由が欠けていることから、違法にその労働契約上の地位を侵害したものとされた事例。 3　前記事案で、執行役員から解任され、調理部顧問に配属された不当降格で味わった精神的苦痛は、その際に特段の不服を申し立てていないことを考慮すると20万円とするのが相当であり、不当に解雇された苦痛は解雇自体は無効とされることを考慮すれば20万円をもって慰謝するのが相当とされた事例。
評釈	▶齋藤耕・労働法律旬報1751号39頁2011年

178

東京地裁平成 11 年 3 月 19 日判決［28042243］
◆労経速報 1707 号 17 頁
〔一部認容、一部棄却〕

認定額	10 万円

被害者	書店店長
侵害態様	従業員に対する解雇理由の告知
判決要旨	書店の店長として採用した原告を解雇した被告が、その他の従業員に原告が横領をしたから解雇されたと述べたことにつき、名誉毀損行為に該当するとして 10 万円の慰謝料が認められた事例。

I　名誉毀損

10. 裁判

179

東京地裁平成 10 年 2 月 20 日判決 ［28042598］
◆判タ 1009 号 216 頁
〔一部認容、一部棄却〕

認定額	① 90 万円 ② 10 万円

被害者	大学教授
侵害態様	①不当な告訴 ②犯罪の嫌疑に関する文書の送付
判決要旨	1　大学学長が、名誉毀損及び強要未遂を理由に大学教授を告訴して、被告訴者たる大学教授の名誉を毀損した事案につき、学長は本件告訴に当たってほぼ何の調査もしていないに等しいこと、その他一切の事情を考慮して、大学教授に対して 90 万円の慰謝料が認められた事例。 2　同学長が、告訴が不起訴処分となった後も教授の犯罪の嫌疑を強調した文書を大学関係者に送付して、教授の名誉を毀損した事案につき、文書が告訴の事実を既に知っていた大学関係者にのみ送付されたことを考慮して、大学教授に対して 10 万円の慰謝料が認められた事例。

180

東京地裁平成22年5月27日判決［28162797］
◆判時2084号23頁
〔一部認容、一部棄却〕

認定額	50万円

被害者	弁護士
侵害態様	答弁書及び陳述での相手方弁護士の適格性の指摘
判決要旨	過払金返還請求訴訟の上告審において、原告側弁護士らが、証券業協会の証券あっせん・相談センター部長を務めていた者に依頼して作成された報告書に基づいて、被告側弁護士が弁護士あるいはあっせん委員としてふさわしくない、弁護士倫理に反する仕事をしている等の記載のある答弁書等を提出し、その旨の陳述をして、被告側弁護士の名誉及び名誉感情を毀損した事案につき、50万円の慰謝料が認められた事例。
上下審	**上告審**：最高裁平成25年1月17日決定［28224325］〔棄却〕 **控訴審**：東京高裁平成24年4月17日判決［28224324］〔控訴棄却〕

I 名誉毀損

181

東京高裁平成 9 年 12 月 17 日判決［28031950］
◆判時 1639 号 50 頁 / 判タ 1004 号 178 頁
〔一部変更、一部棄却〕

認定額	50 万円

被 害 者	原告代理人弁護士
侵害態様	民事訴訟において虚偽の証拠を作出している等の主張
判決要旨	民事訴訟において、被告代理人弁護士が原告代理人弁護士に対して、訴訟関係人に虚偽の書面を作成させる等して虚偽の証拠の作出に関与し、「黒を白」にしようとする行為をしている等の主張をして原告代理人弁護士の名誉を毀損した事案につき、50 万円の慰謝料が認められた事例。
上 下 審	第一審：東京地裁平成 9 年 5 月 15 日判決［28172813］
評　　釈	▶加藤新太郎・私法判例リマークス〔21〕＜ 2000〔下〕〔平成 11 年度判例評論〕＞（法律時報別冊）62 〜 65 頁 2000 年

182

秋田地裁平成9年1月28日判決［28030715］
◆判時1629号121頁
〔本訴棄却、反訴一部認容、一部棄却〕

認定額	50万円

被害者	短期大学教授
侵害態様	強制わいせつ罪での告訴
判決要旨	短期大学研究所の教授が、国際会議に参加した際、宿泊先のホテルで同研究所の研究補助員として勤務する女性に強制わいせつ行為をしたとして、同研究補助員が大学関係者に手紙を送付し、強制わいせつ罪で告訴し、さらに雑誌社に対して情報提供をして同教授の名誉又は名誉感情を侵害した事案につき、同教授にもホテルの一室で女性の肩に手をかけるという常識を欠く行為があったこと、強制わいせつ行為を理由とする損害賠償本訴請求が棄却されることによって同教授の名誉はかなりの部分が回復されることなど諸般の事情を考慮して、50万円の慰謝料が認められた事例。
上下審	**控訴審**：仙台高裁秋田支部平成10年12月10日判決／判時1681号112頁／判タ1046号191頁［28040972］〔一部変更、一部控訴棄却、反訴請求棄却〕

I 名誉毀損

183

大阪高裁平成 27 年 10 月 2 日判決 [28240313]
◆判時 2276 号 28 頁
〔原判決変更〕

認定額	30 万円

被 害 者	係争中事件の原告
侵害態様	裁判での準備書面・陳述書の記載内容
判決要旨	前訴の準備書面及び陳述書等において、前訴原告の従兄弟が「入れ墨をしている」「近隣のトラブルメーカーである」等の記載がされ、前記従兄弟の名誉が毀損された事案につき、前記記載等の内容、証人候補者であったという前訴と被害者の関係、公然性の程度など、一切の事情を考慮して、30 万円の慰謝料が認められた事例。
上 下 審	第一審：和歌山地裁平成 27 年 1 月 29 日判決／判時 2276 号 33 頁 [28240314]〔棄却〕

184

水戸地裁平成 13 年 9 月 26 日判決 ［28071967］
◆判時 1786 号 106 頁 / 判タ 1127 号 188 頁
〔一部認容、一部棄却〕

認定額	各 30 万円

被害者	被告夫婦
侵害態様	訴状、準備書面等への不適切な記載
判決要旨	原告側弁護士が、仮処分申請書、訴状、準備書面等において被告らのことを「狂人である」などと記載して被告夫婦の名誉を毀損した事案につき、それぞれ 30 万円の慰謝料が認められた事例。

I　名誉毀損

185

東京高裁平成7年2月27日判決［27827673］
◆判時1534号49頁／判タ883号215頁
〔取消、一部認容〕

認定額	30万円

被 害 者	医療過誤訴訟における原告
侵害態様	裁判における助産師の供述
判決要旨	助産師を被告とする医療過誤訴訟において、助産師が、胎児の父に医師の診断を受けるよう勧めたのに対し、死産になってもいいから助産師方に置いて欲しいと述べたとの供述をして同人の名誉を毀損した事案につき、不法行為の態様その他一切の事情を考慮して、30万円の慰謝料が認められた事例。
上 下 審	第一審：東京地裁平成3年10月7日判決［28173209］

186

宮崎地裁平成12年5月29日判決　[28060428]
◆判時1733号94頁
〔一部認容、一部棄却〕

認定額	①各20万円 ②各20万円

被害者	拉致監禁された旅館経営者等、弁護士
侵害態様	①拉致・監禁を隠蔽するための告訴 ②宗教団体が作成した新聞・ビデオテープの頒布
判決要旨	1　オウム真理教の教祖及び信徒が元旅館経営者のオウム真理教の施設への拉致・監禁を隠蔽するためになした告訴につき、拉致・監禁された元旅館経営者が被った精神的苦痛に対する慰謝料として20万円、元旅館経営者の救出を依頼された弁護士らが名誉を毀損され、警察の取調べを受けるなどの有形無形の損害を受けたことに対する慰謝料として20万円が認められた事例。 2　反オウム的報道に対抗するために作成された新聞とビデオテープの頒布によりオウム真理教の施設に拉致・監禁された元旅館経営者の子、長女夫妻、弁護士らの名誉が毀損されたことにより被った精神的苦痛に対する慰謝料として各20万円が認められた事例。

I　名誉毀損

187

京都地裁平成18年8月31日判決［28111950］
◆判タ1224号274頁
〔取消自判、認容〕

| 認定額 | 10万円 |

被 害 者	原告側弁護士
侵害態様	被告側弁護士提出の答弁書
判決要旨	別件過払金返還請求訴訟において、被告側が陳述擬制を求めて「原告代理人は、依頼人の利益を無視し、弁護士費用を獲得することだけを目的として訴訟を提起した」旨の答弁書を提出したことにより、原告側弁護士の名誉が毀損された事案につき、原告側弁護士の精神的苦痛に対する慰謝料として10万円が認められた事例。
上 下 審	第一審：京都簡易裁判所平成18年4月19日判決［28171216］

188

前橋地裁平成 15 年 7 月 25 日判決［28082534］
◆判時 1840 号 33 頁
〔一部認容、一部棄却〕

認定額	10 万円

被害者	係争中事件の原告
侵害態様	係争中の事件における答弁書内での記述内容
判決要旨	裁判官の職務行為が違法であるとして裁判官個人に対する損害賠償が請求された訴訟において、同裁判官がその答弁書で、本件訴訟は「因縁をつけて金をせびる」趣旨であると表現したことが、原告の名誉を毀損するとして 10 万円の慰謝料が認められた事例。
上下審	**控訴審**：東京高裁平成 16 年 2 月 25 日判決／判時 1856 号 99 頁［28091816］〔取消〕
評釈	▶國井和郎・私法判例リマークス〔30〕〈2005〔上〕〉（法律時報別冊）66 頁 2005 年

》11. 街宣活動

189

横浜地裁平成 13 年 10 月 11 日判決 ［28071582］
◆判タ 1109 号 186 頁
〔一部認容、一部棄却〕

認定額	1000 万円

被害者	現職市長
侵害態様	悪評を記載した複数の垂れ幕を駅前ビルに掲示
判決要旨	現職市長に反対する政治団体及びその代表者らが、「市民を騙している」「ウソツキ」「トカゲのしっぽ切り」等の記載のある複数の垂れ幕を駅前のビルの外壁に掲げて市長の名誉を毀損した事案につき、垂れ幕の文言、体裁、掲示場所、掲示期間が 3 年以上にもわたっていること、被害者の地位、名誉毀損が全国に及んでいる可能性があること、謝罪広告が認められること等を考慮して、全体として 1000 万円の慰謝料が認められた事例。

190

浦和地裁平成 13 年 4 月 27 日判決 ［28062164］
◆判時 1757 号 42 頁 / 判タ 1068 号 119 頁
〔一部認容、一部棄却〕

》11 街宣活動

認定額	300 万円

被害者	町長
侵害態様	町役場及び町長宅付近での街宣活動
判決要旨	指定暴力団の組長及び組員が、町役場及び町長宅付近で、述べ 45 日にわたって、町長が町の発注工事において談合組織を作り、入札価格を漏らしてリベートを受け取っていた等の内容の該当宣伝活動を行って町長の名誉を毀損したばかりでなく、町長としての業務を妨害し、平穏に生活する権利を侵害した事案につき、本件では謝罪広告が認められたことにより町長の被った損害も専ら補填されることなどを考慮して、300 万円の慰謝料が認められた事例。
評釈	▶藤ヶ崎隆久・反社会的勢力を巡る判例の分析と展開（別冊金融・商事判例）176 〜 181 頁 2014 年

191

東京高裁平成17年6月29日判決［28111806］
◆労判927号67頁
〔棄却〕

認定額	① 50万円 ② 150万円

被害者	代表取締役
侵害態様	①自宅付近での面会強要、ビラ配布 ②本社、工場前での街宣活動
判決要旨	1　会社を解雇された労働者が、所属する労働組合の組合員らとともに代表取締役の自宅を訪れて面会強要やビラ配布などを行ったことにより、企業経営者の住居の平穏及び地域社会における名誉・信用が侵害された事案につき、50万円の慰謝料の支払を命じた第一審の判断が維持された事例。 2　前記労働者及び労働組合の組合員が、会社の本社前や工場前、株主総会の会場前などの場所でビラ配布や演説などの街頭宣伝活動を行って会社の名誉・信用を毀損し、平穏に事業活動を営む権利を侵害した事案につき、150万円の慰謝料の支払を命じた第一審の判断が維持された事例。
上下審	上告審：最高裁平成18年3月28日決定／労経速報1943号10頁 　　　　［28111807］〔棄却〕 第一審：【195】東京地裁平成16年11月29日判決／判時1883号 　　　　128頁［28100841］〔一部認容、一部棄却〕

192

京都地裁平成 24 年 12 月 5 日判決 ［28211782］
◆判時 2182 号 114 頁
〔認容〕

認定額	各 100 万円

被 害 者	パチンコ店等運営会社創業者、その妻
侵害態様	会社及び自宅付近での街宣活動
判決要旨	パチンコ店等運営会社のビル及び同会社創業者らの自宅付近での街宣車による街宣活動等が会社及びその創業者の信用を毀損し、かつ、創業者とその妻の平穏な生活を営む権利を侵害した不法行為を構成すると認められた事案において、前記創業者及びその妻に各 100 万円の慰謝料が認められた事例。

I 名誉毀損

193

大阪地裁平成17年7月27日判決 ［28110120］
◆労判902号93頁
〔一部認容、一部棄却〕

認定額	医療法人理事長 100万円 診療所事務長　50万円

被害者	医療法人理事長、診療所事務長
侵害態様	労働組合の情宣活動
判決要旨	1　労働組合の犯罪行為を犯したとの非難、貸付資金要求、退陣要求等の情宣活動により、医療法人理事長の名誉・信用が毀損された事案につき、同人は名誉・信用が毀損されただけでなく、つきまとい行為によって人格権も侵害されたこと等諸般の事情を考慮して、100万円の慰謝料が認められた事例。 2　労働組合の犯罪行為を犯したとの非難、患者に暴行を働いたとの非難、貸付資金要求、退陣要求等の情宣活動により、医療法人診療所事務長の名誉・信用が毀損された事案につき、諸般の事情を考慮して、50万円の慰謝料が認められた事例。

194

東京地裁平成21年2月20日判決　[28160117]
◆判時2058号147頁
〔一部認容、一部棄却〕

認定額	80万円

被害者	企業経営者
侵害態様	労働組合による経営者自宅付近での街宣活動、ビラ配布
判決要旨	労働組合が企業経営者の自宅付近で街宣活動を行って同人の住居の平穏を侵害し、近隣世帯に同人を非難するビラを配布して同人の名誉・信用を毀損した事案につき、企業経営者が相当の精神的苦痛を被ったこと、労働組合が前記のような行動に出たのは会社が救済命令を履行しないことが要因の1つとなっていること、その他諸般の事情を考慮して、80万円の慰謝料が認められた事例。

I　名誉毀損

195

東京地裁平成16年11月29日判決［28100841］
◆判時1883号128頁／判タ1176号178頁
〔一部認容、一部棄却〕

認定額	50万円

被害者	代表取締役
侵害態様	自宅付近での街宣活動、ビラ配布等
判決要旨	労働組合員らが、閑静な住宅街にある代表取締役の自宅を訪れて申入書を交付し、同人の自宅の塀に横断幕を張ったり、ハンドメガホンを使用して抗議ビラを読み上げ、また、同人の住所・電話番号を記載した同人を非難する内容のビラを近隣世帯に投函する等して、同人の住居の平穏を害し、その名誉・信用を毀損した事案につき、慰謝料として50万円が認められた事例。
上下審	上告審：最高裁平成18年3月28日決定／労経速報1943号10頁［28111807］〔棄却〕 控訴審：【191】東京高裁平成17年6月29日判決／労判927号67頁［28111806］〔棄却〕
評釈	▶中園浩一郎・平成17年度主要民事判例解説（判例タイムズ臨時増刊1215）314頁 2006年

196

東京地裁平成 25 年 5 月 23 日判決 [28213859]
◆判タ 1416 号 150 頁
〔一部認容、一部棄却〕

認定額	各 30 万円

被害者	会社、代表取締役
侵害態様	労働組合による街宣活動等
判決要旨	労働組合らが、本件会社の代表取締役等の自宅に赴き、その妻等に申入書を交付するとともに近隣にビラを配布し、ハンドメガホンを使って街頭宣伝活動をする等して本件会社の代表取締役等の住居の平穏（平穏な私生活を営む権利）を害するとともにその名誉・信用を毀損した事案につき、それぞれ 30 万円の慰謝料が認められた事例。
評釈	▶慶谷典之・労働法令通信 2323 号 18 頁 2013 年 ▶開本英幸・季刊労働法 245 号 178 頁 2014 年

I 名誉毀損

197

大阪地裁平成8年5月27日判決 [28011257]
◆労判699号64頁
〔一部認容、一部棄却〕

認定額	30万円

被害者	関連会社社長
侵害態様	社長宅近所での街宣活動
判決要旨	労働組合が、労働条件改善に関する団体交渉を拒否されたことから、業務委託契約を締結している会社の関連会社の社長宅の近所で「社長は右翼暴力団、警察権力を使い、組合潰しをはかっている」等の演説を多数回にわたって行い、同人の平穏な生活を害し、侮辱によりその名誉感情を傷つけ、さらに公然事実を摘示して同人の名誉を毀損した事案につき、30万円の慰謝料が認められた事例。
上下審	**控訴審**：大阪高裁平成10年10月23日判決／労判758号76頁 [28041154]〔棄却〕

198

大阪地裁平成 11 年 2 月 17 日判決 ［28042015］
◆労判 763 号 52 頁
〔一部認容、一部棄却〕

認定額	各 10 万円

被害者	財団法人、理事長、理事長代理
侵害態様	理事長自宅付近での街宣活動
判決要旨	財団法人の労働組合が団体交渉への出席を求めて理事長の自宅に執拗に打電を繰り返し、これにも応じないとみるや大挙して街宣車で押しかけ、スピーカーを使用して面会を要求し、理事らを誹謗中傷するビラを周辺住民にまで配布した事案につき、財団法人、理事長、誹謗中傷の対象となった理事長代理に各自 10 万円の無形損害が認められた事例。
評釈	▶大山盛義・労働法律旬報 1476 号 17 〜 23 頁 2000 年

》12. 不適切発言

199

横浜地裁平成 18 年 9 月 21 日判決［28130324］
◆労判 926 号 30 頁
〔一部認容、一部棄却〕

認定額	600 万円

被害者	労働組合
侵害態様	団体交渉時の病院長、事務長の発言
判決要旨	1　病院長、事務長が、団体交渉の席上で、労働組合が内部告発を行い病院経営が危機に瀕しているとの発言をし、看護婦長、副看護部長が、労働組合が病院をつぶそうとしている、億単位の和解金を要求しているなどと述べて組合脱退の勧奨をして、組合の名誉・信用を毀損し、団結権を侵害した事案につき、諸般の事情を考慮して病院設置者に対して 600 万円の慰謝料の支払が命じられた事例。 2　前記事案につき、事務長に病院設置者と連帯して 300 万円の慰謝料の支払が命じられた事例。
評　釈	▶道幸哲也・労働法律旬報 1658 号 37 頁 2007 年

200

大阪地裁平成15年3月12日判決［28082194］
◆労判851号74頁
〔一部認容、一部棄却〕

| 認定額 | 60万円 |

被害者	元取締役
侵害態様	従業員の面前での不適切発言
判決要旨	会社の業務の一環としてカルテルを行っていた元取締役について、会社の代表取締役がこれを了解していたにもかかわらず、多数の従業員の面前で、本件カルテルについて元取締役のみに責任があるかのような発言をしたことが同人に対する名誉侵害行為に当たるとされた事案において、60万円の慰謝料が認められた事例。

I 名誉毀損

201

東京高裁平成 11 年 6 月 8 日判決 ［28050124］
◆労判 770 号 129 頁
〔一部変更、一部棄却〕

認定額	① 50 万円 ② 10 万円
被害者	短大男性教員
侵害態様	①県教育長あての書簡での記載 ②教授会での発言
判決要旨	短大女性教員が県教育長あてに送付した書簡において、男性教員がセクシュアル・ハラスメントを常態とし教育者としての資格がないという趣旨の記事を記載し、教授会において同種の発言をして右男性教員の名誉を毀損した事案につき、前者については 50 万円、後者については 10 万円の慰謝料が認められた事例。
上下審	第一審：横浜地裁川崎支部平成 10 年 3 月 20 日判決／労判 770 号 135 頁［28050125］〔棄却〕

202

東京地裁平成9年4月17日判決 [28031605]
◆判タ971号184頁
〔本訴一部認容、反訴請求棄却〕

認定額	50万円

被害者	マンション上階居住者
侵害態様	管理組合総会・理事会での上階居住者が騒音発生源とする発言
判決要旨	マンションの下の階の居住者が、管理組合の総会及び理事会で上階居住者が騒音の発生源であるかのように述べた発言が名誉毀損に当たるとして、発言の内容・期間、発言の行われた機会、上階の居住者の地位、当事者双方の事情、その他本件に現れた一切の事情を総合考慮すると、上階の居住者が名誉毀損により受けた精神的苦痛の慰謝料として50万円の賠償が相当であるとされた事例。

I 名誉毀損

203

京都地裁平成 9 年 4 月 17 日判決　[28021098]
◆判タ 951 号 214 頁
〔認容、一部棄却〕

認定額	50 万円

被害者	女性社員
侵害態様	男女関係を疑わせるような社内での発言
判決要旨	会社で女子更衣室のビデオ隠し撮り事件があった後に、同会社の取締役が隠し撮りをした男子社員と特定の女子社員が男女の関係にあるかのような発言等をしたため、他の社員が同女子社員とのかかわり合いを避けるような態度をとるようになり、女子社員が退職した事案につき、同取締役に対して 50 万円の慰謝料の支払が命じられた事例。
評　釈	▶水島郁子・法律時報 70 巻 7 号 93 ～ 96 頁 1998 年 ▶石田眞・労働法律旬報 1441 号 20 ～ 25 頁 1998 年

204

東京地裁八王子支部平成8年11月7日判決
[28021305]
◆判時1606号57頁／判タ941号242頁
〔一部認容、一部棄却〕

» 12 不適切発言

認定額	50万円

被害者	住民運動の中心的役割を果たしてきた主婦
侵害態様	町議会における誹謗・中傷
判決要旨	町長が町議会において、第二廃棄物処分場建設計画に反対する住民運動の中心的役割を果たしてきた主婦を名指しにして、誹謗・中傷して主婦を侮辱しその名誉を毀損した事案につき、慰謝料として50万円が認められた事例。

I 名誉毀損

205

福岡高裁平成 12 年 11 月 22 日判決 [28072795]
◆判タ 1102 号 209 頁
〔原判決変更、一部認容、一部棄却〕

認定額	30 万円

被害者	地方議会議員
侵害態様	議会での不適切発言
判決要旨	地方議会議員が、議会において、他の地方議会議員が一方では産廃業者に土地の購入を仕掛け、一方では産廃反対運動の音頭をとっており、まさにマッチポンプの仕業であると発言して、発言の対象となった議員の名誉を毀損した事案につき、前記発言は明らかに事実関係に反するものであること、一般質問とは無関係のものであること、その他諸般の事情を考慮して、30 万円の慰謝料が認められた事例。
上下審	**上告審**：最高裁平成 15 年 2 月 17 日判決 [28081402] 〔破棄自判〕 **第一審**：熊本地裁平成 11 年 10 月 19 日判決／判タ 1102 号 214 頁 [28072796] 〔棄却〕

206

大津地裁平成10年1月19日判決［28040265］
◆判時1657号105頁
〔一部認容、一部棄却〕

≫12 不適切発言

認定額	30万円

被害者	住職
侵害態様	昼食会における住職を非難する発言
判決要旨	宗教法人と被包括の関係にあった寺の住職が対立関係にある宗教法人から金をもらって宗門を離脱し、さらに金をもらって宗門離脱を勧誘しているとの宗教法人代表役員の発言により同住職の名誉が毀損された事案につき、本件発言は宗教法人総本山での内部の昼食会において行われたこと、昼食会参加者に対する指南指導目的で対立する宗教法人を非難する際に同住職の名が出たこと、同住職も批判文書において宗教法人を相当激しく非難していること等の事情を考慮して、30万円の慰謝料が認められた事例。

I　名誉毀損

207

大阪地裁平成 9 年 1 月 24 日判決　[28020760]
◆労判 712 号 26 頁
〔認容、一部棄却〕

認定額	30 万円

被害者	取締役営業統括部長
侵害態様	会議において競合会社の内部協力者であるとする発言
判決要旨	会議の席上、取締役営業統括部長が競合会社の内部協力者となり、会社の秘密を漏洩させていたとの発言をして、代表取締役が同統括部長の名誉を毀損した事案につき、本件発言が内部会議において行われたものであり、会議出席者以外の者に伝わった形跡が見られないこと、本件発言によって同統括部長に何らかの具体的損害が発生したとは考えられないこと、その他一切の事情を考慮して、30 万円の慰謝料が認められた事例。

208

東京地裁平成9年12月24日判決　[28040244]
◆判タ987号222頁
〔反訴一部認容、本訴請求棄却〕

認定額	10万円

被害者	不動産業者を構成員とする社団法人役員
侵害態様	役員会において怪文書作成者と非難
判決要旨	不動産業者を構成員とする社団法人の内部で、役員の夫を前科者、役員を悪徳業者等と誹謗中傷する怪文書が配布されたため、怪文書によって名誉を毀損された役員が、役員会で他の役員を同怪文書の作成配布者であると名指しで非難する発言をして、名指しされた役員の名誉を毀損した事案につき、本件発言の内容、発言の場が31名で構成される役員会であったこと、発言者が後に役員会で謝罪していること、その他一切の事情を考慮して、10万円の慰謝料が認められた事例。

I　名誉毀損

209

長野地裁上田支部平成23年3月4日判決[28180162]
◆判タ1360号179頁
〔一部認容、一部棄却〕

認定額	①5万円 ②5万円

被害者	患者
侵害態様	歯科医師による診療中の①不適切発言及び②セクハラ発言
判決要旨	歯科医師が診療中に患者に対して、「きちがい女」、「あなたがそんなに痛い痛いと言うのは、僕に会いたいからじゃないの。」と発言したことについて、それぞれ5万円の慰謝料が認められた事例。
評　釈	▶末永京子・月刊大阪弁護士会708号35頁2013年

210

東京地裁平成 21 年 3 月 24 日判決 [28151759]
◆判時 2041 号 64 頁
〔一部認容、一部棄却〕

認定額	5 万円

被害者	大学教授
侵害態様	大学院研究科委員会におけるセクハラ事案についての発言
判決要旨	国立大学法人の設置・運営する大学院の職員である大学院研究科教授が、同研究科委員会において同研究科長によりなされた前記教授のセクハラ事案についての発言によって名誉を毀損された事案につき、本件では的確な証拠がないことから名誉毀損の違法性が認められるが、前記教授が大学院の指導教官として不適切な行為をしたという限度では当然の発言であること、非公開の研究科委員会でなされたこと等を考慮して、前記教授について5万円の慰謝料が認められた事例。
評　釈	▶金子順一・平成 21 年度主要民事判例解説（別冊判例タイムズ 29）98 頁 2010 年 ▶山本隆司・自治研究 89 巻 4 号 114 頁 2013 年

211

佐賀地裁平成 26 年 4 月 25 日判決 [28223734]
◆判時 2227 号 69 頁
〔一部認容、一部棄却〕

認定額	各 2 万円

被害者	学生の両親
侵害態様	大学の准教授が学生の両親が統一教会の合同結婚式で結婚したことを批判
判決要旨	国立大学の准教授が、学生に対する安全教育の一環として、統一教会の信者である学生に対し、同学生の両親が統一教会の合同結婚式を通じて結婚したことを批判して、同学生の両親の名誉感情を侵害した事案につき、統一教会の教義等について批判的な意見を述べることは適切な表現を用いる限り社会的相当性を有する行為であること、前記准教授は同学生の両親に対して直接発言しておらず、同学生が秘密裏に録音した音声を聞いていること等の事情を考慮して、各自 2 万円の慰謝料が認められた事例。
評釈	▶久保内浩嗣・消費者法ニュース 100 号 270〜271 頁 2014 年

212

東京高裁平成 25 年 8 月 23 日判決 [28221502]
◆判時 2212 号 33 頁
〔原判決変更〕

認定額	1 万円

被害者	警察署を訪れた市民
侵害態様	警察署を訪れた市民に対して行った警察官の不適切発言
判決要旨	自宅付近の放置車両や交通の安全を害する不動産広告の撤去を求めて警察署を訪れた市民に対し、警察官が「あなたは頭がおかしい」等の発言をしたことが前記市民の名誉感情を違法に侵害するものであるとされた事案につき、本件発言に至る経緯、その内容、同発言がなされた場所、周囲の状況等一切の事情を考慮して、1 万円の慰謝料が認められた事例。
上下審	第一審：横浜地裁平成 25 年 3 月 27 日判決 [28221503]

I 名誉毀損

》13. その他

213

大阪高裁平成 16 年 2 月 19 日判決 ［28090956］
◆訟務月報 53 巻 2 号 541 頁
〔控訴棄却〕

認定額	500 万円

被害者	貝割れ大根生産・販売業者
侵害態様	集団食中毒事件の原因に関する報告書の公表
判決要旨	厚生大臣が集団食中毒事件の原因は「貝割れ大根がもっとも可能性が高い」旨の報告書を公表したことにより、貝割れ大根の生産・販売業者の名誉・信用が毀損された事案につき、生産者らは反論の機会もないまま本件報告書を公表され、その後の厚生大臣による記者会見やテレビ中継等により全国的に事実が知れ渡り、取引停止が相次いだこと、厚生大臣による公表は集団食中毒についての調査結果を広く国民に知らせるという正当な目的をもったものであること等一切の事情を考慮して、500 万円の慰謝料が認められた事例。
上下審	上告審：最高裁平成 16 年 12 月 14 日決定［28171187］〔不受理〕 第一審：大阪地裁平成 14 年 3 月 15 日判決／判時 1783 号 97 頁／判タ 1104 号 86 頁［28071306］〔一部認容、一部棄却〕

214

岡山地裁平成14年5月15日判決［28071832］
◆労判832号54頁
〔一部認容、一部棄却〕

認定額	① 200万円 ② 30万円

被害者	女性支店長
侵害態様	虚偽の風評流布
判決要旨	1　派遣会社の専務取締役が、同社の女性支店長に対して肉体関係を迫り、これが拒絶されるや同女性支店長の虚偽の風評を流して同人を退職に追い込んだ行為に対して、200万円の慰謝料が認められた事例（①）。 2　派遣会社の専務取締役が、同社の女性支店長に対して、その支店長とは別の女性支店長と自分とが肉体関係をもてるように協力を要請し、これが拒絶されるや同女性支店長の虚偽の風評を流して同人を退職に追い込んだ行為に対して、30万円の慰謝料が認められた事例（②）。
評　釈	▶小宮文人・労働法律旬報1546号56～59頁2003年

I　名誉毀損

215

東京地裁平成 12 年 11 月 13 日判決［28062231］
◆判タ 1068 号 193 頁
〔一部認容、一部棄却〕

認定額	200 万円

被 害 者	元医学部教授
侵害態様	誹謗中傷する立て看板を大学構内に設置
判決要旨	薬害エイズ事件に関して、当時厚生省薬務局生物製剤課長の職に従事していた元医学部教授について「『殺人政策』の責任を取れ！」「保険会社からワイロ受取発覚」等と記載した立て看板を大学構内に掲示し続けて大学教授の名誉を毀損した事案につき、立て看板の掲出は 1 年以上の期間にわたって多数の場所で行われたこと、立て看板の記載内容も同大学教授に対する誹謗中傷の程度が強いものであること等一切の事情を考慮して、200 万円の慰謝料が認められた事例。
上 下 審	控訴審：東京高裁平成 13 年 10 月 23 日判決／裁判所ウェブ［28071446］〔控訴棄却〕

216

静岡地裁浜松支部平成 11 年 10 月 12 日判決
[28052148]
◆判時 1718 号 92 頁 / 判タ 1045 号 216 頁
〔認容〕

認定額	150 万円

被 害 者	ブラジル人
侵害態様	外国人入店お断りとするビラの提示等
判決要旨	宝石店に来店したブラジル人に、宝石店経営者が、外国人入店お断りというビラを見せるとか、警察官を呼ぶとか、不穏当な方法により店から追い出そうとしたことが、同ブラジル人の人格的名誉を傷つけたとして、慰謝料及び弁護士費用を併せて 150 万円の損害賠償が認められた事例。
評 釈	▶阿部浩己・ジュリスト 1188 号 91 〜 93 頁 2000 年 ▶高田映・平成 11 年度重要判例解説（ジュリスト臨時増刊 1179）290 〜 292 頁 2000 年 ▶青山武憲・法令ニュース 36 巻 1 号 48 〜 53 頁 2001 年 ▶鬼塚賢太郎・法令ニュース 36 巻 1 号 15 〜 17 頁 2001 年

217

名古屋地裁平成 13 年 7 月 11 日判決［28071554］
◆判タ 1088 号 213 頁
〔一部認容、一部棄却〕

認定額	100 万円

被 害 者	弁護士
侵害態様	弁護士に対する懲戒請求
判決要旨	弁護士に対する懲戒請求が、弁護士懲戒制度の趣旨目的に照らして著しく相当性を欠くとして不法行為の成立が認められた事案において、懲戒請求された弁護士は、弁明、反論などの負担を余儀なくされ、弁護士としての名誉を毀損され、精神的苦痛を被ったとして、100 万円の慰謝料が認められた事例。
評　釈	▶塩崎勤・月刊民事法情報 191 号 51 〜 54 頁 2002 年

218

大阪地裁平成8年1月23日判決［28011127］
◆判タ914号192頁
〔一部認容、一部棄却〕

| 認定額 | 100万円 |

被 害 者	インテリアガラスの製造のための機械・材料等を販売し、技術供与を行うことを業とする会社
侵害態様	新規契約希望者や代理店に対して、同業者を誹謗・中傷
判決要旨	インテリアガラスの製造・販売について、希望者と代理店契約を締結し、製造のための機械・材料等を販売し、技術提供を行うことを業とする会社が、同業者の新規契約希望者や既に代理店となっている者に対して、同業者を誹謗・中傷する虚偽の事実を申し向ける等して、同業者の信用を毀損した事案につき、100万円の損害賠償が認められた事例。

I 名誉毀損

219

大阪地裁平成 10 年 6 月 29 日判決［28033339］
◆判時 1651 号 120 頁/判タ 1038 号 236 頁
〔一部認容、一部棄却〕

認定額	50 万円

被害者	人気歌舞伎役者
侵害態様	婚約している等の虚偽の事実の流布
判決要旨	人気歌舞伎役者の女性ファンが、他のファン等に対し、同人と婚約しており近々結婚するなどと虚偽の事実を流布してその名誉等を毀損し、同人に執拗につきまとい、異常な態度で観劇するなどして同人に著しい精神的苦痛を与えた事案につき、一切の事情を考慮して 50 万円の慰謝料が認められた事例。
評釈	▶三浦正広・コピライト 453 号 41 頁 1998 年 ▶小磯武男・差止めと執行停止の理論と実務（判例タイムズ臨時増刊 1062）170 〜 172 頁 2001 年

220

東京地裁平成7年12月25日判決［28022406］
◆判タ954号205頁
〔一部認容、一部棄却〕

認定額	50万円

被害者	弁護士
侵害態様	弁護士会への懲戒請求
判決要旨	1　訴訟代理人として賃料不払などを理由としての賃貸借契約の解除、建物収去土地明渡しの訴えの提起をしている弁護士に対して、弁護士会に懲戒請求をしたことは、弁護士懲戒制度の趣旨目的に照らして著しく相当性を欠くものであり、少なくとも過失による不法行為が成立するとされた事例。 2　上記懲戒請求により、弁護士会綱紀委員会での反論等の負担を余儀なくされたうえ、弁護士としての名誉を毀損され、精神的苦痛を被ったとして50万円の慰謝料が認められた事例。

I　名誉毀損

221

名古屋高裁平成 27 年 2 月 5 日判決 ［28230738］
◆判時 2253 号 3 頁
〔原判決変更〕

認定額	30 万円

被害者	死刑囚
侵害態様	拘置所内での死刑囚の旧姓・名前の漏えい
判決要旨	拘置所の職員が連続リンチ殺人事件で死刑が確定し拘置所に収容中の死刑囚の旧姓及び名前を他の受刑者に漏洩して前記死刑囚の名誉を毀損した事案につき、前記死刑囚は事件当時 18 歳の少年であったことに照らすと本件情報漏洩の違法性は重大であること、本件情報漏洩の相手方は拘置所の被収容者であり、情報が他に伝播したと認めるべき証拠はないこと、被侵害利益の内容、侵害行為の態様等を総合考慮して、30 万円の慰謝料が認められた事例。
上下審	**第一審**：名古屋地裁平成 26 年 3 月 7 日判決／判時 2253 号 9 頁〔28230739〕〔棄却〕

222

横浜地裁平成26年10月17日判決［28224420］
◆判タ1415号242頁
〔一部認容、一部棄却〕

認定額	5万円

被害者	小学校教師
侵害態様	教育委員会の協議における児童の父親による担任教師を誹謗・中傷する発言
判決要旨	小学校3年生の児童の父親が、教育委員会での協議において、担任教師が差別・暴行を加える不当・違法な指導を行う人格的に問題のある教師であると発言して、担任教師の名誉感情を毀損した事案につき、本件発言は教員人事に関する職務権限を有する教育委員会において行われたこと、約4週間にわたる教育委員会に対する抗議行為の一環として行われたこと、担任教師の精神的苦痛の程度、その他一切の事情を考慮して、5万円の慰謝料が認められた事例。

II 判例INDEX

プライバシー侵害

1. 雑誌

223

東京地裁平成 18 年 5 月 23 日判決［28111577］
◆判時 1961 号 72 頁 / 判タ 1257 号 181 頁
〔一部認容、一部棄却〕

認定額	200 万円

被害者	元 AV 女優
侵害態様	私生活に関する言動及び過去の経歴に関する週刊誌記事
判決要旨	元 AV 女優の性生活や性行為に関する言動等に関する事項及び過去に自殺を図った経歴があるとの記事が週刊誌に掲載されてそのプライバシーが侵害されるとともに名誉も毀損され、また、無断で下着姿の写真が掲載されて肖像権が侵害された事案につき、同人の精神的苦痛の程度、本件記事は過去の私生活を暴露するものであること、同人は過去において自らの性体験や性行為の状況等を積極的に公表していたこと等諸般の事情を考慮して、200 万円の慰謝料が認められた事例。

224

東京地裁平成 17 年 10 月 27 日判決 ［28110107］
◆判時 1927 号 68 頁
〔一部認容、一部棄却〕

認定額	200 万円

被害者	新聞社会長
侵害態様	自宅居室内での姿（写真）を週刊誌に掲載
判決要旨	新聞社会長が自宅居室内でガウン姿でいる写真を週刊誌に掲載されプライバシーを侵害された事案につき、前記週刊誌が全国で販売され不特定多数人が閲読するに至ったこと、写真の撮影方法・内容等諸般の事情を総合考慮して、200 万円の慰謝料が認められた事例。
評　釈	▶丸山重威・関東学院法学 15 巻 2 号 21 〜 41 頁 2006 年

II　プライバシー侵害

225

大阪地裁平成11年6月9日判決　[28041977]
◆判時1679号54頁
〔一部認容、一部棄却〕

認定額	200万円

被害者	犯行当時19歳の少年
侵害態様	殺人事件につき実名・顔写真付きで月刊誌に記事を掲載
判決要旨	全国発売の月刊誌上に、犯行当時19歳であった少年の通り魔殺人事件について実名・顔写真等により犯人が特定される内容の記事が掲載されたことにより、同少年のプライバシー権、氏名肖像権、名誉権が侵害された事案につき、2度にわたって法務局から再発防止の勧告を受けていたにもかかわらず、本件に及んでいること等諸般の事情を考慮して、200万円の慰謝料が認められた事例。
上下審	控訴審：大阪高裁平成12年2月29日判決／判時1710号121頁［28051582］〔取消〕

226

東京地裁平成27年6月24日判決［28240148］
◆判時2275号87頁
〔一部認容、一部棄却〕

認定額	150万円

被害者	元プロ野球選手の息子
侵害態様	家族間トラブルに関する週刊誌記事
判決要旨	1 (1)国民栄誉賞を受賞した元プロ野球選手Aの息子BがAに授与された野球関係の記念品等をAに無断で売却した、(2)Bの妹Cが管理していた商標の登録を更新しない間に、Bの事務所が商標登録を行った、(3)そのためBとC及びAとの確執が生じた等の事実を摘示し、Bを「大ばかもの」と論評する週刊誌記事の掲載行為は、Bの名誉を毀損しそのプライバシーを侵害する不法行為を構成する。 2 本件記事の掲載された週刊誌の発行部数（約57万部）、本件記事掲載による名誉毀損の範囲とその内容、本件記事の摘示事実はその重要部分において真実であると認められること、プライバシー権の侵害の程度、その他一切の事情を考慮すると、本件記事によりBが被った精神的苦痛に対する慰謝料は、150万円と認めるのが相当である。

Ⅱ　プライバシー侵害

227

東京地裁平成13年10月5日判決［28072364］
◆判時1790号131頁
〔一部認容、一部棄却〕

認定額	100万円

被害者	元会社経営者
侵害態様	夫婦間の民事訴訟事件に関する週刊誌記事
判決要旨	会社の元経営者が妻との間で争っている民事訴訟事件について、「法廷で夫人との泥沼訴訟合戦『妻に奪われた財産目録1万3千点』」との見出しの特集記事を週刊誌に掲載して同人のプライバシーを侵害した事案につき、本件記事によって同人の受けた精神的苦痛の程度、本件記事をきっかけに夫婦間の不和が更に悪化したこと、本件記事に衝撃を受けた娘が消息を絶ったこと等の事情を考慮して、100万円の慰謝料が認められた事例。

228

東京地裁平成7年4月14日判決［27828595］
◆判時1547号88頁／判タ907号208頁
〔主位的請求棄却、予備的請求、一部認容、一部棄却〕

認定額	100万円

被害者	被疑者の妻
侵害態様	被疑者の妻の勤務先等を記載した週刊誌記事
判決要旨	伝言ダイヤルで売春相手として呼んだ女子中学生に性交渉のビデオ撮影を強要した事件の被疑者として逮捕された新聞記者の妻の勤務先、学歴、職歴、容姿、私生活上のエピソード等を記載した週刊誌記事及び広告により、妻のプライバシー権が侵害された事案につき、同人の受けた精神的打撃、同事件の被疑者の妻であることが勤務先に知れわたってしまったこと、事件に関して勤務先に電話がかかってきたこと、これらにより体に不調を来すまでに至ったこと等を考慮して、100万円の慰謝料が認められた事例。

II　プライバシー侵害

229

東京地裁平成 21 年 9 月 29 日判決　[28170461]
◆判タ 1339 号 156 頁
〔一部認容、一部棄却〕

| 認定額 | 70 万円 |

被 害 者	被疑者の妻
侵害態様	週刊誌への記事及び写真の掲載
判決要旨	いわゆるロス疑惑事件の被疑者が、米国でロサンゼルス市警に逮捕されたことにより再び世間の耳目を集めることになったのに伴い、被疑者の後妻となった女性に関する記事が週刊誌に掲載されてそのプライバシーが侵害され、前記女性の写真が前記週刊誌に掲載されてその人格的利益が侵害された事案につき、本件週刊誌の発行部数、写真掲載の態様、プライバシー侵害の重大性等一切の事情を考慮して、70 万円の慰謝料が認められた事例。

230

東京地裁平成 25 年 4 月 26 日判決 [28211826]
◆判タ 1416 号 276 頁
〔一部認容、一部棄却〕

認定額	各 20 万円、40 万円

被 害 者	女性芸能人
侵害態様	無断で写真を雑誌に掲載
判決要旨	小学生から高校生時代の女性芸能人らの写真を同人に無断で雑誌に掲載して、同人らのプライバシーを侵害した事案につき、写真の掲載頁数、販売部数、前記芸能人らの心情を考慮して、それぞれ 20 万円、40 万円の慰謝料が認められた事例。
評　釈	▶小泉直樹・ジュリスト 1460 号 6 〜 7 頁 2013 年

II　プライバシー侵害

231

名古屋地裁平成 11 年 6 月 30 日判決［28042818］
◆判時 1688 号 151 頁／判タ 1060 号 209 頁
〔一部認容、一部棄却〕

認定額	30 万円

被害者	被告人
侵害態様	週刊誌に、実名が推知されるような仮名を用いて記事を掲載
判決要旨	週刊誌に犯罪を犯した少年の実名が推知されるような仮名を用いて、詳細な経歴等を含む記事が掲載されたことにより、少年の名誉、プライバシーが侵害された事案につき、30 万円の慰謝料が認められた事例。
上下審	**差戻控訴審**：名古屋高裁平成 16 年 5 月 12 日判決／判時 1870 号 29 頁／判タ 1198 号 220 頁［28092111］〔原判決一部取消〕 **上告審**：最高裁平成 15 年 3 月 14 日判決／民集 57 巻 3 号 229 頁／判時 1825 号 63 頁／判タ 1126 号 97 頁［28080936］〔一部破棄差戻〕 **控訴審**：名古屋高裁平成 12 年 6 月 29 日判決／判時 1736 号 35 頁／判タ 1060 号 197 頁［28060601］〔控訴棄却、附帯控訴棄却〕

2. 新聞

232

東京地裁平成 17 年 3 月 14 日判決［28101306］
◆判時 1893 号 54 頁 / 判タ 1179 号 149 頁
〔一部認容、一部棄却〕

認定額	100 万円

被 害 者	大学病院医師
侵害態様	セクシャル・ハラスメントに関する新聞記事
判決要旨	大学病院の医師が、患者からセクシャル・ハラスメントを理由に民事訴訟を提起されたとの新聞記事が実名で報道されたことにより、前記医師のプライバシーが侵害された事案につき、本件記事は発行部数約 400 万部に上る新聞の朝刊全国版に掲載されたこと、本件では報道内容それ自体ではなく、実名を使用しセクシャル・ハラスメントを不当に強調する体裁を用いるなどした点で違法性が肯定されること、その他一切の事情を考慮して、100 万円の慰謝料が認められた事例。
上 下 審	控訴審：東京高裁平成 18 年 8 月 31 日判決 / 判時 1950 号 76 頁 / 判タ 1246 号 227 頁［28130248］〔取消・請求棄却〕
評　　釈	▶青野博之・私法判例リマークス〔33〕＜ 2006〔下〕〔平成 17 年度判例評論〕＞（法律時報別冊）78 〜 81 頁 2006 年 ▶浦川道太郎・NBL957 号 109 〜 115 頁 2011 年

3. 書籍

233

東京地裁平成 12 年 2 月 29 日判決　[28050598]
◆判時 1715 号 76 頁 / 判タ 1028 号 232 頁
〔一部認容、一部棄却〕

認定額	200 万円

被害者	プロサッカー選手
侵害態様	書籍における出生時の状況、身体的特徴、家族構成等に関する記述
判決要旨	著名なプロサッカー選手の出生から現在に至るまでの半生を記述した書籍において、同プロサッカー選手の出生時の状況、身体的特徴、家族構成、性格、学業成績、教諭の評価等が掲載され、同人のプライバシー権が侵害された事案につき、侵害行為の態様、同人の前記書籍に対する不快感、同書籍出版により出版社らが 3700 万円の利益を得ていること等を考慮して、200 万円の慰謝料が認められた事例。
上下審	控訴審：東京高裁平成 12 年 12 月 25 日判決 / 判時 1743 号 130 頁 [28060045]〔控訴棄却〕

評　釈	▶清水幸雄・清和法学研究 7 巻 1 号 107 〜 120 頁 2000 年 ▶龍村全・著作権判例百選＜第 3 版＞（別冊ジュリスト 157）198 〜 199 頁 2001 年 ▶江島晶子・判例セレクト '00（月刊法学教室 246 別冊付録）4 頁 2001 年 ▶荒竹純一・著作権判例百選＜第 4 版＞（別冊ジュリスト 198）162 〜 163 頁 2009 年

Ⅱ　プライバシー侵害

234

東京地裁平成 11 年 6 月 22 日判決［28050101］
◆判時 1691 号 91 頁／判タ 1014 号 280 頁
〔一部認容、一部棄却〕

認定額	① 100 万円 ② 30 万円

被害者	小説のモデルとなった者
侵害態様	①小説の登場人物とモデルとを同定することができる小説の発表 ②小説発表後のモデルと執筆者とのトラブルにつき雑誌に公表
判決要旨	不特定多数の読者が小説の登場人物とモデルとを同定することができるモデル小説及び執筆者とモデルとなった者の交友の契機、小説発表後のモデルと執筆者との交渉経過、訴訟経過を記載した文章の公表によって、モデルとなった者のプライバシー権、名誉権及び名誉感情が侵害された事案につき、前者については 100 万円、後者については 30 万円の慰謝料が認められた事例。
上下審	上告審：最高裁平成 14 年 9 月 24 日判決／判時 1802 号 60 頁／判タ 1106 号 72 頁［28072521］〔棄却〕 上告審：最高裁平成 14 年 9 月 24 日判決［28072819］〔棄却〕 控訴審：東京高裁平成 13 年 2 月 15 日判決／判時 1741 号 68 頁／判タ 1061 号 289 頁［28060904］〔控訴棄却〕

評　釈	▶紙谷雅子・月刊法学教室 230 号 45 〜 50 頁 1999 年 ▶杉浦正典・法律のひろば 52 巻 12 号 56 〜 61 頁 1999 年 ▶倉田原志・法学セミナー 45 巻 3 号 110 頁 2000 年 ▶大島佳代子・判例セレクト'99（月刊法学教室 234 別冊付録）3 頁 2000 年 ▶棟居快行・平成 11 年度重要判例解説（ジュリスト臨時増刊 1179）14 〜 15 頁 2000 年 ▶中村英樹・法政研究〔九州大学〕67 巻 3 号 175 〜 195 頁 2001 年 ▶本山賢太郎・平成 12 年度主要民事判例解説（判例タイムズ臨時増刊 1065）132 〜 133 頁 2001 年

235

名古屋高裁平成12年10月25日判決［28060560］
◆判時1735号70頁
〔一部変更〕

認定額	75万円

被害者	誘拐事件犯人
侵害態様	実際の誘拐事件をもとにしたノンフィクション小説における記述
判決要旨	いわゆる「富山・長野連続誘拐殺人事件」を題材とするノンフィクション小説における、犯人の女性が「女の武器をちらつかせて男たちを手玉にとっていた」等の記述により、同人のプライバシー及び名誉感情が侵害された事案につき、75万円の慰謝料が認められた事例。
上下審	第一審：名古屋地裁平成12年1月26日判決／判タ1047号224頁［28060341］〔一部認容〕
評釈	▶鈴木秀美・法律時報73巻1号105〜109頁2001年

236

広島地裁平成24年5月23日判決 [28210023]
◆判時2166号92頁
〔一部認容、一部棄却〕

認定額	計50万円

被害者	殺人事件死刑囚
侵害態様	死刑囚の手紙・写真の書籍への掲載等
判決要旨	1　母子殺害事件について記述する書籍に、前記事件の犯人である死刑囚が著者に宛てた手紙及び中学卒業時の写真を掲載することによって、前記死刑囚のプライバシー権、著作権及び著作者人格権が侵害された事案につき、前記権利侵害の内容及びその程度、本件書籍の出版・販売部数（初版4000部、3万部増刷）、出版後現在に至るまでの状況、その期間の長さ、その他一切の事情を考慮して、30万円の慰謝料が認められた事例。 2　前記書籍を紹介するウェブサイトの記事に、前記死刑囚の実名、身体・健康・医療に関する情報を掲載して前記死刑囚のプライバシー権を侵害した事案につき、本件プライバシー権侵害の内容・程度、本件ウェブサイトがインターネット上のウェブサイトであること、掲載期間の長さ、その他一切の事情を考慮して、10万円の慰謝料が認められた事例。

3　前記書籍の著者が週刊誌記者に前記死刑囚が前記著者に宛てた手紙を提供して、前記死刑囚のプライバシー権を侵害した事案につき、本件手紙は第三者に公開することを予定していない私信としての性格が強いものであること、その公表媒体が週刊誌であることなどのプライバシー侵害の内容・態様、本件手紙を提供するに至った時期・経緯、その他一切の事情を考慮して、10万円の慰謝料が認められた事例。

上下審	
	上告審：最高裁平成26年9月25日決定［28224039］〔棄却、不受理〕
	控訴審：広島高裁平成25年5月30日判決／判時2202号28頁［28212264］〔控訴一部認容、一部棄却〕

237

高松高裁平成8年4月26日判決［28020361］
◆判タ926号207頁
〔変更〕

認定額	50万円

被害者	少林寺拳法連盟で重要な役職についていた者
侵害態様	書籍に私信を無断で掲載
判決要旨	少林寺拳法連盟から除名処分を受けた者が、同連盟を批判し攻撃する内容の書籍に当時同連盟の重要な役職についていた者の私信を無断で写真版で登載して発信人のプライバシー権を侵害した事案につき、発信人は本部の役員でありながら破門された者に3年以上も前に出した管長の発言を批判する内容の私信を意に反する形で公開され、責任を感じてすべての役職を辞任したこと等を総合考慮して、50万円の慰謝料が認められた事例。
上下審	第一審：高松地裁平成5年10月29日判決［28173077］
評釈	▶三浦正広・著作権研究24号189〜202頁 1998年

4. テレビ

238

東京高裁平成 13 年 7 月 18 日判決 ［28061972］
◆判時 1761 号 55 頁 / 判タ 1077 号 157 頁
〔一部変更、一部控訴棄却〕

認定額	100 万円

被害者	離婚した女性
侵害態様	女性が離婚を強行したとする番組内容
判決要旨	「妻からの離縁状・突然の別れに戸惑う夫たち」と題するテレビの特集番組で、離婚した女性の夫と長男が素顔で出演し、同女性が突然離婚宣言をし戸惑う夫と長男を置き去りにして離婚を強行した旨を放送したことにより、同女性のプライバシーが侵害され、名誉が毀損された事案につき、同女性がこれにより多くの知人友人から誤解されたり嫌われたり非難されたりし、経営していた学習塾の生徒が辞めたりする等して重大な精神的苦痛を受けたことを考慮して、100 万円の慰謝料が認められた事例。
上下審	上告審：最高裁平成 16 年 11 月 25 日判決 / 民集 58 巻 8 号 2326 頁 / 判時 1880 号 40 頁 / 判タ 1169 号 125 頁［28092954］〔一部棄却、一部破棄自判〕 第一審：東京地裁平成 10 年 11 月 19 日判決 / 民集 58 巻 8 号 2345 頁［28062624］〔棄却〕

評　釈	▶鈴木秀美・月刊民放 32 巻 4 号 42 〜 43 頁 2002 年 ▶大石泰彦・判例評論 521 号（判例時報 1782）189 〜 192 頁 2002 年 ▶長谷部恭男・平成 13 年度重要判例解説（ジュリスト臨時増刊 1224）16 〜 17 頁 2002 年

II プライバシー侵害

239

大阪地裁平成 13 年 5 月 29 日判決 ［28070216］
◆判時 1766 号 64 頁 / 判タ 1105 号 177 頁
〔一部認容、一部棄却〕

認定額	50 万円

被 害 者	前々町長
侵害態様	収賄罪の前科について報道したニュース番組
判決要旨	町長が 2 代続けて公共工事をめぐる汚職事件により辞職した町の出直し選挙に関するテレビのニュース番組において、動画像付きで前々町長の収賄罪の前科を実名報道して同人のプライバシーを侵害した事案につき、報道の内容、態様、報道回数、放映時間等を考慮して、50 万円の慰謝料が認められた事例。

5.WEB

240

東京地裁平成 18 年 11 月 7 日判決 ［28131757］
◆判タ 1242 号 224 頁
〔一部認容、一部棄却〕

認定額	① 200 万円 ② 200 万円

被 害 者	会社員
侵害態様	①メールマガジンへの個人情報の掲載 ②電子掲示板への書き込みの放置
判決要旨	1　大学の OB である会社員が、準強姦事件を起こした大学のイベントサークルより悪質な団体の関係者であり、イベントサークル準強姦事件の主犯であることを摘示するメールマガジンの記載により名誉を毀損され、氏名・電話番号・メールアドレス・勤務先・所属部署・学歴・勤務先での様子をメールマガジンに記載されてプライバシーを侵害された事案につき、同人の権利侵害の危険は極めて大きいことなど諸般の事情を考慮して、200 万円の慰謝料が認められた事例。 2　電子掲示板に前記会社員の名誉を毀損し、同人のプライバシーを侵害する多数の書き込みがされた事案につき、本件各スレッド及び各書き込みは極めて多数に上るうえ、その内容は前記会社員に対して非常に侮辱的であること、本件各スレッド及び書込みはインターネットの性質上、容易に多数の者に閲覧される危険性があること等諸般の事情を考慮して、プロバイダに慰謝料 200 万円の支払が命じられた事例。

II プライバシー侵害

241

東京地裁平成 21 年 1 月 21 日判決［28151499］
◆判時 2039 号 20 頁／判タ 1296 号 235 頁
〔一部認容、一部棄却〕

認定額	各 10 万円

被害者	他人、その妻
侵害態様	氏名、住所、親族等の情報の電子掲示板に書き込み
判決要旨	他人の妻の氏名・住所、その親族の氏名、親族の経営する会社の名称・本支店の所在地・電話番号をインターネット上の電子掲示板「2ちゃんねる」に書き込んだ行為が、他人とその妻のプライバシーを侵害する不法行為に当たるとして、被害者各自に 10 万円の慰謝料が認められた事例。

6. 広報

242

東京地裁八王子支部平成17年4月13日判決
[28111608]
◆判例地方自治279号58頁
〔一部認容、一部棄却〕

認定額	20万円

被害者	ダウン症候群の既往症をもつ生徒
侵害態様	個別支援学級担当教諭の着任挨拶文
判決要旨	公立中学校のPTA広報に掲載された個別支援学級担当教諭の着任挨拶文により、同学級に在籍しダウン症候群の既往症をもつ生徒の名誉が毀損され、プライバシーが侵害された事案につき、本件名誉毀損の内容は同生徒の能力についての社会的評価の低下を来すものであること、同生徒が何らかの知的障害を有し個別支援学級に在籍していることが同生徒の周辺を中心として広い範囲に公表されたこと、母親の抗議に対して学校側が真摯な対応をしなかったこと等を考慮して、20万円の慰謝料が認められた事例。
評釈	▶村元宏行・季刊教育法153号78〜82頁2007年 ▶山田知代／坂田仰監修・月刊高校教育42巻3号74〜79頁2009年

II プライバシー侵害

≫ 7. 監視・防犯カメラ

243

東京地裁平成 21 年 5 月 11 日判決 ［28153913］
◆判時 2055 号 85 頁
〔一部認容、一部棄却〕

認定額	夫 30 万円 妻 60 万円

被害者	トラブルを抱えている近隣住人夫婦
侵害態様	監視カメラの設置・撮影
判決要旨	トラブルを抱えている近隣住人らの一方が、他方の住人らの自宅付近に監視カメラを設置して継続的に撮影することによって、他方の住人らのプライバシーを侵害し、自らが開設するホームページに他方の住人らの名誉・名誉感情を侵害する記事を掲載して、その名誉を毀損し、名誉感情を侵害した事案につき、他方住人の夫には 30 万円（プライバシー侵害分 10 万円、名誉毀損分 20 万円）、妻には 60 万円（プライバシー侵害分 10 万円、名誉毀損分 30 万円、名誉感情侵害分 20 万円）の慰謝料が認められた事例。

244

東京地裁平成27年11月5日判決［29015330］
◆判タ1425号318頁
〔一部認容、一部棄却〕

認定額	各10万円

被害者	被告建物と隣接する建物に居住する者
侵害態様	防犯カメラの設置・撮影
判決要旨	他人の私道部分や自宅出入口付近を含む撮影範囲のカメラを屋外に複数設置した行為につき、そのうちの1台の設置及びこれによる撮影が、被撮影者のプライバシーを社会生活上受忍すべき限度を超えて侵害しているとされ、各被撮影者に10万円の慰謝料が認められた事例。

245

東京高裁平成 16 年 2 月 25 日判決［28091898］
◆判時 1860 号 70 頁
〔原判決変更〕

認定額	10 万円

被害者	公安調査庁元職員
侵害態様	監視カメラの設置・撮影
判決要旨	公安調査庁が、元職員の動向を把握するため、借り上げた民家に監視カメラを設置し、24 時間体制で元職員宅を監視し、外出時に尾行するなどして元職員のプライバシーを侵害した事案につき、監視の目的が公安調査庁の職員を撮影したビデオの公表を阻止し、オウム教団との関係を解明する等不当なものとはいえないこと、プライバシー侵害の程度が大きいこと等諸般の事情を考慮して、10 万円の慰謝料が認められた事例。
上下審	第一審：東京地裁平成 15 年 8 月 27 日判決［28171759］

≫ 8. 裁判

246

東京地裁平成 17 年 3 月 22 日判決［28102029］
◆判時 1916 号 46 頁
〔本訴棄却、反訴一部認容、一部棄却〕

認定額	30 万円

被害者	架空請求を放置していた被請求者
侵害態様	少額訴訟の提起
判決要旨	1　携帯電話用有料サイトを運営する業者が、架空請求を放置していた被請求者に対して少額訴訟を提起したのは、被請求者を畏怖させ、金員を支払わせるための恐喝行為ないし詐欺行為であり、プライバシーを侵害し、精神的苦痛を与えたことは明らかであるとされた事例。 2　前記事案で、慰謝料額は 30 万円が相当とされた事例。
評　釈	▶山田誠一・消費者法判例百選（別冊ジュリスト 200）62 ～ 64 頁 2010 年

II プライバシー侵害

247

東京地裁八王子支部平成12年2月24日判決
[28051705]
◆判時1743号83頁／判タ1031号285頁
〔一部認容、一部棄却〕

認定額	30万円

被害者	刑事事件の担当弁護士
侵害態様	弁護士の情報が記載された捜査報告書を、別件民事訴訟事件の証拠として提出
判決要旨	刑事事件の弁護を担当した弁護士について、捜査機関がその所属団体、所属政党などを記載した捜査報告書を作成し、これを略式命令の一件記録に編綴していたところ、これが被害者の提起した別件民事訴訟事件において証拠として提出され、同弁護士のプライバシーが侵害された事案につき、30万円の慰謝料が認められた事例。
上下審	控訴審：東京高裁平成12年10月25日判決／判時1753号50頁／判タ1046号296頁［28052393］〔一部変更〕
評釈	▶根森健・平成12年度重要判例解説（ジュリスト臨時増刊1202）8～9頁2001年

248

東京高裁平成 11 年 9 月 22 日判決 ［28052050］
◆判タ 1037 号 195 頁
〔一部認容、原判決取消〕

認定額	30 万円

被 害 者	家事調停事件の相手方
侵害態様	別件事件の疎明資料として家事調停申立書の控えを提出
判決要旨	弁護士が別件の民事保全事件において疎明資料として、第三者の身上、経歴、紛争の経緯等の記載された家事調停申立書の控えを提出したことにより、同第三者のプライバシーが侵害された事案につき、30 万円の慰謝料が認められた事例。
上 下 審	第一審：宇都宮地裁平成 11 年 3 月 17 日判決／判タ 1037 号 199 頁［28052051］〔請求棄却〕
評　　釈	▶加藤新太郎・判例タイムズ 1054 号 81 ～ 84 頁 2001 年

Ⅱ　プライバシー侵害

249

東京地裁平成18年3月20日判決 [28111739]
◆判時1934号65頁／判タ1244号240頁
〔一部認容、一部棄却〕

認定額	20万円

被害者	別件訴訟の当事者
侵害態様	私生活、過去の経歴に関する準備書面への記載
判決要旨	別件退職慰労金請求訴訟、組合持分返還請求訴訟、株主権確認請求訴訟において、原告側が、準備書面に「会社代表者夫妻が互いに別の異性と同居するなど事実上離婚状態に陥っていた」、「会社代表者の妻の学歴詐称がバレたことがある」等の事実を記載したことが名誉毀損、プライバシー侵害に当たるとされた事案につき、前記表現行為は民事訴訟法上の準備書面等においてされたものであって広く一般社会に流布されることはないこと等を考慮して、20万円の慰謝料が認められた事例。

250

広島高裁平成 27 年 6 月 18 日判決［28234349］
◆判時 2272 号 58 頁
〔原判決一部変更〕

認定額	10 万円

被 害 者	被告弁護士の相談者
侵害態様	法律相談時に受領した手紙を別訴の書証として提出
判決要旨	弁護士が、過去に法律相談を受けた際に相談者から受領した手紙について、別件訴訟で当事者の訴訟代理人としてこれを書証として提出した行為が、相談者の人格権（プライバシー）を違法に侵害した不法行為であるとされた事案で、10 万円の慰謝料が認められた事例。
上 下 審	第一審：山口地裁平成 26 年 9 月 25 日判決／判時 2272 号 63 頁［28234350］〔棄却〕

9. 個人情報提供・漏洩

251

東京地裁平成15年5月28日判決［28082310］
◆判タ1136号114頁
〔一部認容、一部棄却〕

認定額	① 300万円 ② 100万円

被害者	警察官に任用された者
侵害態様	①同意なしにHIV抗体検査を実施、陽性反応を示したことから辞職を勧奨 ②上記検査結果につき本人の同意なしに警視庁に報告
判決要旨	1　警察学校が、警視庁警察学校への入校手続を終了して警視庁警察官に任用された者に対し、本人の同意なしにHIV抗体検査を行い、陽性反応を示した同人に辞職を勧奨した行為が違法とされた事案において、東京都に300万円の慰謝料支払が命じられた事例。 2　警視庁から委託を受けた警察病院が、警察官のHIV抗体検査を行うに当たり、その実施及び結果通知に関する本人の同意の有無を確認せずに漫然と検査を実施し、その結果を警視庁に伝えたことが、当該警察官のプライバシーを侵害する違法な行為とされた事案において、警察病院を運営する自警会に100万円の慰謝料支払が命じられた事例。

評　釈	▶ジュリスト 1249 号 61 頁 2003 年 ▶棗一郎・労働法律旬報 1560 号 26 〜 29 頁 2003 年 ▶清水勉・季刊労働者の権利 252 号 85 〜 91 頁 2003 年 ▶労政時報 3599 号 80 〜 81 頁 2003 年 ▶川田知子・労働法律旬報 1567・1568 号 66 〜 69 頁 2004 年 ▶緒方桂子・平成 15 年度重要判例解説（ジュリスト臨時増刊 1269）227 〜 229 頁 2004 年 ▶奥田進一・判例地方自治 261 号（増刊）64 〜 66 頁 2005 年 ▶関根由紀・ジュリスト 1303 号 171 〜 174 頁 2005 年 ▶武藤久資・法律時報 78 巻 8 号 82 〜 83 頁 2006 年 ▶高嶌英弘・月刊法学教室 314 号 47 〜 51 頁 2006 年 ▶高嶌英弘・月刊法学教室 315 号 91 〜 96 頁 2006 年 ▶高嶌英弘・医事法判例百選（別冊ジュリスト 183）46 〜 47 頁 2006 年 ▶増成直美・医事法判例百選＜第 2 版＞（別冊ジュリスト 219）52 〜 53 頁 2014 年

II プライバシー侵害

252

千葉地裁平成12年6月12日判決 [28051950]
◆労判785号10頁
〔一部認容，一部棄却〕

認定額	① 200万円 ② 150万円

被 害 者	外国人従業員
侵害態様	①会社が無断でHIV検査を実施、感染判明で解雇 ②会社から依頼を受けた医療機関が無断で上記検査を実施し、検査結果を会社に交付
判決要旨	1　会社が、定期健康診断の際に従業員に無断で医療機関にHIV検査を依頼して、外国人従業員のプライバシーを侵害し、HIVに感染していることを知るや、同従業員を不当に解雇した事案につき、前記従業員がHIV感染の事実を既に知っていたことを考慮して、200万円の慰謝料が認められた事例。 2　会社から依頼を受けた医療機関が、定期健康診断の際に本人に無断でHIV抗体検査を実施し、検査結果を会社に交付して、従業員のプライバシーを侵害した事案につき、従業員がHIV感染の事実を既に知っていたことを考慮して、150万円の慰謝料が認められた事例。
評　釈	▶労政時報3461号67〜71頁2000年 ▶保原喜志夫・月刊ろうさい52巻1号4〜7頁2001年 ▶小畑史子・労働基準53巻5号24〜28頁2001年 ▶小畑史子・最新労働基準判例解説222〜232頁2003年

253

東京地裁平成 15 年 6 月 20 日判決 ［28082582］
◆労判 854 号 5 頁
〔一部認容、一部棄却〕

認定額	① 100 万円 ② 50 万円

被害者	金融公庫採用応募者
侵害態様	①同意なく B 型肝炎ウイルス検査を実施 ②①の後、同意なく精密検査を実施
判決要旨	1　金融公庫が、採用に当たり、応募者の同意を得ることなく B 型肝炎ウイルス検査をしたことが、応募者のプライバシー権を侵害するものとして違法とされた事案において、当該応募者に 100 万円の慰謝料が認められた事例。 2　金融公庫が、採用に当たり、応募者本人の同意を得ることなく B 型肝炎ウイルスに関する病状を調査する精密検査を受検させた行為が、応募者のプライバシー権を侵害するものとして違法とされた事案において、当該応募者に 50 万円の慰謝料が認められた事例。
評釈	▶労政時報 3602 号 62 ～ 63 頁 2003 年 ▶山田省三・労働法学研究会報 55 巻 10 号 40 ～ 43 頁 2004 年 ▶小宮文人・法学セミナー 49 巻 9 号 117 頁 2004 年 ▶笠木映里・ジュリスト 1278 号 147 ～ 151 頁 2004 年

II プライバシー侵害

254

東京高裁平成 13 年 7 月 18 日判決 ［28061690］
◆判時 1751 号 75 頁
〔一部取消、一部控訴棄却〕

認定額	50 万円

被害者	団体常任理事
侵害態様	週刊誌記者への個人情報の提供
判決要旨	「内紛で分かった常勤理事は『高給取り』！年収 1500 万円」などと題する週刊誌記事により、同理事のプライバシーが侵害された事案につき、同理事の個人情報が記載された陳述書の写しを週刊誌記者に交付した者に 50 万円の慰謝料支払が命じられた事例。
上下審	第一審：東京地裁平成 12 年 12 月 21 日判決 ［28172268］
評釈	▶太田裕之・平成 13 年度重要判例解説（ジュリスト臨時増刊 1224）14 ～ 15 頁 2002 年 ▶山元一・メディア判例百選（別冊ジュリスト 179）98 ～ 99 頁 2005 年

255

東京地裁平成 8 年 11 月 18 日判決［28021545］
◆判時 1607 号 80 頁
〔一部認容、一部棄却〕

認定額	50 万円

被 害 者	住民
侵害態様	無断で住民票及び戸籍謄本を入手
判決要旨	行政書士が本人に無断で住民票及び戸籍謄本を入手することにより、対象者のプライバシーを侵害した事案につき、50 万円の慰謝料が認められた事例。
評　　釈	▶澤田省三・戸籍 670 号 25 〜 30 頁 1998 年 ▶貝田守・判例評論 471 号（判例時報 1631）198 〜 203 頁 1998 年

II　プライバシー侵害

256

大阪高裁平成 26 年 8 月 28 日判決［28230741］
◆判時 2243 号 35 頁 / 判タ 1409 号 241 頁
〔原判決変更〕

認定額	30 万円
被害者	税理士に確定申告の作成・提出等を依頼していた者
侵害態様	確定申告書等の写しを提供
判決要旨	税理士が弁護士法 23 条の 2 の照会に応じ納税義務者の確定申告書等の写しを提供した行為が、税理士法 38 条の守秘義務に違反し、納税義務者に対する不法行為に当たるとされた事案で、本件不法行為の態様のほか、本件に現れた諸般の事情を考慮し、被害者の慰謝料として 30 万円が認められた事例。
上下審	**第一審**：京都地裁平成 25 年 10 月 29 日判決 / 金融法務事情 2024 号 107 頁［28230742］〔棄却〕

評　釈	▶浅井弘章・銀行法務 2159 巻 5 号 64 頁 2015 年 ▶判例紹介プロジェクト・ＮＢＬ 1050 号 74 〜 76 頁 2015 年 ▶木村健太郎・金融法務事情 2022 号 6 〜 15 頁 2015 年 ▶林仲宣、高木良昌・税務弘報 63 巻 8 号 84 〜 85 頁 2015 年 ▶濱田広道・金融判例研究 25 号（金融法務事情 2025）75 〜 78 頁 2015 年 ▶藤中敏弘・東海法学 50 号 27 〜 47 頁 2015 年 ▶林仲宣・法律のひろば 68 巻 8 号 72 〜 73 頁 2015 年 ▶佐藤孝一・月刊税務事例 48 巻 4 号 10 〜 24 頁 2016 年 ▶山口斉昭・早稲田法学 91 巻 3 号 181 〜 230 頁 2016 年

II　プライバシー侵害

257

大阪地裁平成 21 年 10 月 16 日判決　[28161613]
◆労判 1001 号 66 頁
〔一部認容、一部棄却〕

認定額	30 万円

被害者	タクシー運転手
侵害態様	無断で携帯電話番号を提供
判決要旨	1　タクシー会社が、従業員であるタクシー運転手の携帯電話の番号を、当該タクシー運転手の同意を得ることなくタクシーの女性客に対して提供した行為は、個人情報に係わる法的利益ないしプライバシー権を侵害する不法行為に該当する。 2　前記タクシー会社の違法な情報提供行為により、タクシー運転手が女性客から再三にわたりクレームの電話をうけ、精神的な苦痛を被ったことによる慰謝料 30 万円を損害と認めるのが相当とされた事例。

258

東京地裁平成 22 年 10 月 28 日判決 ［28163213］
◆労判 1017 号 14 頁
〔一部認容、一部棄却〕

認定額	各 21 万円

被 害 者	客室乗務員
侵害態様	客室乗務員に関する情報収集及び電子データ化
判決要旨	航空会社の多数派労働組合が、会社の客室乗務員に関する情報を収集して電子データ化した電子ファイルを作成する等したことについて、プライバシー侵害に基づく不法行為責任が認められ、被害者に各 21 万円の慰謝料が認められた事例。
評　釈	▶堀浩介・季刊労働者の権利 288 号 92 〜 98 頁 2011 年 ▶大森夏織・労働法律旬報 1738 号 38 〜 39 頁 2011 年 ▶山田省三・労働法学研究会報 62 巻 12 号 24 〜 29 頁 2011 年 ▶倉田原志・法律時報 84 巻 1 号 130 〜 133 頁 2012 年

II プライバシー侵害

259

東京高裁平成 19 年 2 月 14 日判決 [28140988]
◆判タ 1264 号 158 頁
〔取消、自判〕

認定額	20 万円

被 害 者	公立中学校教員
侵害態様	都教育委員会職員から都議会議員へ個人情報提供
判決要旨	都教育委員会の職員が公立中学校教員の氏名・住所・生年月日・年齢等の記載された服務事故報告書等を都議会議員に提供して、前記教員のプライバシーを侵害した事案につき、本件において提供された個人情報の内容や都議会議員に対する開示という情報提供の態様等を考慮して、20 万円の慰謝料が認められた事例。
上 下 審	第一審：東京地裁平成 18 年 6 月 28 日判決 [28171112]
評　　釈	▶星野豊・月刊高校教育 43 巻 2 号 76 〜 80 頁 2010 年

260

東京地裁平成 16 年 2 月 13 日判決 ［28091892］
◆判時 1895 号 73 頁 / 判タ 1173 号 204 頁
〔一部認容、一部棄却〕

認定額	10 万円

被害者	行政文書開示請求者
侵害態様	行政文書開示請求者の氏名等のリストの作成・配布
判決要旨	防衛庁の職員が、行政文書開示請求をした者の氏名・住所・電話番号・職業等を登載したリストを作成・配布して、開示請求者のプライバシーを侵害した事案につき、本件リストの内容は他者に知られたくないと感じる程度が必ずしも高いものとはいえないこと、本件リストを閲覧した者の範囲も防衛庁職員 14 名と新聞社社会部記者にとどまること等を考慮して、10 万円の慰謝料が認められた事例。
評釈	▶藤原家康・法律時報 78 巻 8 号 100 〜 101 頁 2006 年 ▶皆川治廣・法学研究〔慶応義塾大学〕81 巻 12 号 537 〜 560 頁 2008 年

261

東京地裁平成 10 年 1 月 21 日判決 ［28033027］
◆判時 1646 号 102 頁 / 判タ 1008 号 187 頁
〔一部認容、一部棄却〕

認定額	10 万円

被害者	電話加入者
侵害態様	意思に反して電話帳に氏名、電話番号、住所を掲載
判決要旨	電話会社が加入者の意思に反して電話帳に氏名、電話番号、住所を掲載して同人のプライバシーを侵害した事案につき、前記電話帳への掲載は加入者の意思に反したものであること、家庭に男性がいないことを不特定者に知られるのではないかとの不安を抱くのも無理からぬことと思われること、電話帳掲載以降私生活上の平穏が具体的に害されたことはないこと、電話会社に害意ないし故意はなかったこと等諸般の事情を考慮して 10 万円の慰謝料が認められた事例。

262

東京簡裁平成 16 年 11 月 2 日判決［28100885］
◆判時 1886 号 97 頁
〔一部認容、一部棄却〕

認定額	6 万円

被害者	交通事故被害者
侵害態様	調査機関に被害者の診療記録入手を依頼
判決要旨	交通事故の損害賠償保険金の支払手続をするために、保険会社が被害者から白紙委任状を取り付け、受任者欄に被害者の全く知らない第三者である調査機関名を記載して被害者が同意した病院以外の病院に提出し、前記調査機関に被害者の診療記録等の診療情報を入手させようとした事案につき、被害者はこれまでの診療情報がすべて外部に漏れるのではないかとの不安感から重度の不眠症になったこと、本件ではいまだ情報は開示されていないこと等の事情を考慮して、6 万円の慰謝料が認められた事例。
上下審	**控訴審**：東京地裁平成 17 年 7 月 29 日判決／判時 1918 号 26 頁／判タ 1212 号 202 頁［28110770］〔取消〕
評釈	▶菊地秀典・損害保険研究 67 巻 4 号 229 〜 238 頁 2006 年

II プライバシー侵害

263

京都地裁平成20年3月25日判決［28141011］
◆判時2011号134頁
〔一部認容、一部棄却〕

認定額	5万円

被害者	市臨時職員の知り合いである住民
侵害態様	戸籍原簿等で知り得た情報を関係者に告知
判決要旨	市の市民窓口課に勤務する臨時職員が、執務中に親しくしていた住民の戸籍原簿及び除籍原簿をみて同人が離婚後に再婚したことを知り、同人の元妻に再婚の事実を告げて同人のプライバシーを侵害した事案につき、慰謝料として5万円が認められた事例。
評　釈	▶澤田省三・戸籍830号26〜31頁2009年

264

松山地裁平成 15 年 10 月 2 日判決 ［28091654］
◆判時 1858 号 134 頁 / 判タ 1150 号 196 頁
〔一部認容、一部棄却〕

認定額	各 5 万円

被 害 者	署名収集活動受任者
侵害態様	署名収集活動受任者名簿の公開
判決要旨	地方自治体が住民投票条例制定請求に関する署名収集活動受任者の氏名・住所及び生年月日を一覧表にした受任者名簿を公開して、受任者のプライバシーを侵害した事案につき、受任者の不利益の内容や情報公開に至った経緯等一切の事情を考慮して、各人 5 万円の慰謝料が認められた事例。
上 下 審	控訴審：高松高裁平成 16 年 4 月 15 日判決 / 判タ 1150 号 125 頁 ［28091955］〔控訴棄却〕
評　　釈	▶内藤光博・専修法学論集 90 号 1 〜 45 頁 2004 年 ▶神川哲弥、松川実・判例地方自治 258 号 115 〜 118 頁 2005 年

II　プライバシー侵害

265

東京地裁平成 20 年 10 月 24 日判決［28150739］
◆判時 2032 号 76 頁
〔一部認容、一部棄却〕

認定額	3 万円

被害者	中学校生徒
侵害態様	教育長への評定が記載された原簿の提出
判決要旨	学校が都立高校へ出願しない生徒について、その評定が氏名とともに原簿に記載され、区教育委員会調査委員会及び区教育委員会を介して都教育委員会教育長に提出されることは、生徒のプライバシーを侵害する違法な行為であるとして、当該生徒に 3 万円の慰謝料が認められた事例。

266

東京地裁平成19年2月8日判決［28131313］
◆判時1964号113頁／判タ1262号270頁
〔一部認容、一部棄却〕

認定額	各3万円

被害者	エステティックサロン顧客
侵害態様	ウェブサイトに送信した顧客情報の流出
判決要旨	エステティックサロンを経営するA社の管理するウェブサイトに送信した個人の氏名・住所・性別・職業・電話番号等の顧客情報が流失して顧客のプライバシーが侵害された事案につき、本件情報の性質、本件流出事故の態様、実際に二次流出・二次被害があること、本件流出事故発生後、A社は、謝罪メールを送信し、全国紙にも謝罪の社告を掲載するとともに、二次流出・二次被害防止のための措置をとっていること等の事情を考慮して、顧客1人当たり各3万円の慰謝料が認められた事例。
上下審	**控訴審**：東京高裁平成19年8月28日判決／判タ1264号299頁［28140993］〔控訴棄却、附帯控訴棄却〕
評　釈	▶遠山光貴・金融・商事判例1287号10～15頁2008年

267

東京高裁平成 14 年 1 月 16 日判決［28070587］
◆判時 1772 号 17 頁 / 判タ 1083 号 295 頁
〔変更〕

認定額	各 1 万円

被害者	大学生
侵害態様	講演会参加者名簿を警視庁に提出
判決要旨	外国要人による講演会を企画した大学が、学生らの氏名、住所、電話番号が記載された参加者名簿を警視庁に提出して、学生らのプライバシーを侵害した事案につき、大学の行為の違法性は情報開示について学生らの同意を得なかった点にあること、情報開示自体には目的の正当性その他それ相応の理由があったこと、本件訴訟の目的は個人情報開示の違法性の確認を求めることにあること等の事情を考慮して、名目的損害賠償として 1 人 1 万円の慰謝料が認められた事例。
上下審	第一審：東京地裁平成 13 年 4 月 11 日判決 / 判時 1752 号 3 頁 / 判タ 1067 号 150 頁［28061369］〔棄却〕
評釈	▶高佐智美・法学セミナー 47 巻 6 号 107 頁 2002 年 ▶林田清明・北大法学論集 54 巻 2 号 77〜97 頁 2003 年 ▶澤登文治・南山法学 27 巻 3 号 139〜163 頁 2004 年

268

大阪地裁平成 27 年 1 月 21 日判決 [28230657]
◆判時 2299 号 71 頁
〔一部認容、一部棄却〕

認定額	各 5000 円

被 害 者	市職員
侵害態様	労働組合活動等に関するアンケート調査の実施
判決要旨	市が第三者委員会に委託して行った職員を対象とする労働組合活動等に関するアンケート調査により、職員の思想・良心の自由、プライバシー権、団結権が侵害された事案につき、市調査チームは本件アンケートの開封・集計作業を凍結し、最終的にはアンケートの回答を開封することなく破棄していること、本件アンケートに回答しなかった者もいるが懲戒処分等の不利益処分を受けていないこと等諸事情を考慮して、市職員らに各自 5000 円の慰謝料が認められた事例。
上下審	**控訴審**：大阪高裁平成 27 年 12 月 16 日判決／判時 2299 号 54 頁 [28240136]〔控訴棄却、原判決変更〕
評　釈	▶在間秀和・季刊労働者の権利 309 号 95 〜 98 頁 2015 年 ▶麻生多聞・法学セミナー 60 巻 6 号 116 頁 2015 年 ▶坂田隆介・速報判例解説〔17〕（法学セミナー増刊）27 〜 30 頁 2015 年

II　プライバシー侵害

269

大阪地裁平成18年5月19日判決［28111287］
◆判時1948号122頁／判タ1230号227頁
〔一部認容、一部棄却〕

認定額	各5000円

被害者	インターネット接続サービス等の会員
侵害態様	会員情報の漏洩
判決要旨	インターネット接続サービス等の会員の住所、氏名、電話番号、メールアドレス等の個人情報が外部に漏洩した事案において、本件サービス業者が全会員に500円の金券を交付するなどして謝罪を行う一方、セキュリティ強化等の対策をとっていること等の事情を考慮して、慰謝料として5000円が認められた事例。
上下審	上告審：最高裁平成19年12月14日決定［28142195］〔棄却、不受理〕 控訴審：大阪高裁平成19年6月21日判決［28142194］〔一部変更、一部棄却〕
評釈	▶遠山光貴・金融・商事判例1287号10～15頁2008年 ▶田中宏・私法判例リマークス［36］＜2008〔上〕〔平成19年度判例評論〕＞（法律時報別冊）67～70頁2008年 ▶神作裕之・消費者法判例百選（別冊ジュリスト200）236～237頁2010年

270

東京高裁平成16年3月23日判決［28091727］
◆判時1855号104頁
〔一部変更、一部控訴棄却〕

認定額	各5000円

被害者	大学生
侵害態様	講演会に出席する学生の名簿を警視庁に提出
判決要旨	大学がその開催する講演会に出席する学生の名簿を警視庁に提出した行為が、学生らのプライバシーを侵害する不法行為であるとされた事案で、同大学が行った本件個人情報の開示が違法であることが訴訟において肯定されるなら、学生らの被った精神的損害のほとんどは回復されると考えられること、提訴した学生らは講演会申込みをした時点で講演を妨害する目的を持っていたこと等の事情を斟酌し、学生らに対する慰謝料は各人5000円が相当とされた事例。
上下審	上告審：最高裁平成15年9月12日判決／民集57巻8号973頁／判時1837号3頁／判タ1134号98頁［28082416］〔破棄差戻し〕 控訴審：東京高裁平成14年7月17日判決／民集57巻8号1045頁［28090575］〔原判決取消〕 第一審：東京地裁平成13年10月17日判決／民集57巻8号994頁［28090574］〔一部却下、一部棄却〕

》10. 捜査

271

徳島地裁平成 10 年 9 月 11 日判決［28042885］
◆判時 1700 号 113 頁
〔一部認容、一部棄却〕

認定額	10 万円

被 害 者	自宅等の捜索差押えを受けた者
侵害態様	捜査差押えにおいて、捜査に関係のないスケッチブックを写真撮影
判決要旨	爆発物取締罰則違反等の被疑事件について原告の居宅等の捜索差押えに際して、差し押さえるべき物に該当しないスケッチブックが違法に写真撮影されたことは、プライバシーの侵害と認められるが、これによる精神的苦痛は小さいものであるとして慰謝料 10 万円が認容された事例。
上 下 審	**控訴審**：高松高裁平成 12 年 3 月 31 日判決／判時 1726 号 130 頁［28052696］〔控訴棄却〕
評　釈	▶水谷規男・法学セミナー 45 巻 8 号 119 頁 2000 年 ▶治安判例研究会・月刊治安フォーラム 7 巻 1 号 70 〜 75 頁 2001 年

» 11. その他

272

東京高裁平成 21 年 3 月 27 日判決 [28153906]
◆判タ 1308 号 283 頁
〔取消自判〕

認定額	300 万円

被 害 者	元国会議員
侵害態様	本人の意思に反した家捜し、検分
判決要旨	元国会議員Aらが、同じ党に属する元国会議員Bの意思に反して同人宅内を家捜しして検分し、同人のプライバシーを侵害した事案につき、300 万円の慰謝料が認められた事例。
上 下 審	第一審：東京地裁平成 19 年 12 月 21 日判決 [28170876]
評　　釈	▶上田竹志・法学セミナー 55 巻 3 号 122 頁 2010 年 ▶林昭一・速報判例解説〔6〕（法学セミナー増刊）149 〜 152 頁 2010 年

II　プライバシー侵害

273

福岡地裁久留米支部平成26年8月8日判決[28224340]
◆判時2239号88頁
〔一部認容、一部棄却〕

認定額	200万円

被害者	看護師
侵害態様	HIV罹患に関する情報の利用
判決要旨	病院がHIVに罹患した看護師のHIV感染症に関する情報を利用したこと、HIVの罹患を理由として客観的な合理的理由なくその意思に反して病欠を指示したことが被用者の就労を妨げる不法行為となるとされた事案について、被害者の慰謝料として200万円が認められた事例。
上下審	上告審：最高裁平成28年3月29日決定〔28241277〕〔不受理〕 控訴審：福岡高裁平成27年1月29日判決／判時2251号57頁〔28230769〕〔原判決変更〕
評釈	▶折橋洋介・季報情報公開・個人情報保護56号21～24頁2015年 ▶王子裕林・LIBRA15巻7号50～51頁2015年

274

東京地裁平成 21 年 4 月 13 日判決［28152094］
◆判時 2043 号 98 頁 / 判タ 1310 号 132 頁
〔一部認容、一部棄却〕

認定額	50 万円

被害者	議員宿舎建替え反対派住民
侵害態様	電話内容を記載した文書の交付
判決要旨	1　参議院議員宿舎の建替えをめぐって紛争が発生している状況下で、参議院事務局の担当者が、反対派住民との電話内容が具体的に記載された文書を、部外者であり推進派である住民に見せ、推進派住民からの求めに応じ何らの合理的必要性もないのに当該文書を交付した行為は、反対派住民が第三者に知らせることを想定していなかった個人的情報をみだりに開示した違法な行為である。 2　前記不法行為につき、50 万円の慰謝料が認められた事例。

275

東京高裁平成 11 年 12 月 16 日判決 ［28062614］
◆判時 1742 号 107 頁
〔一部控訴棄却、一部変更〕

認定額	50 万円

被害者	牧師への告白者
侵害態様	牧師が告白事実を漏洩
判決要旨	牧師が告白者に無断で不貞行為があったとの告白事実を漏洩した行為によって、告白者が被った精神的苦痛に対する慰謝料として、告白者の妻は不貞行為の事実を早い段階から知っており、離婚の決意の原因は必ずしも不貞行為のみであったとはいえないことなどの諸般の事情を斟酌して、50 万円と認めるのが相当であるとされた事例。
上下審	**第一審**：横浜地裁平成 11 年 2 月 26 日判決／判時 1700 号 87 頁／判タ 1047 号 244 頁［28050851］〔棄却〕

276

東京地裁平成27年12月21日判決［29015703］
◆判時2308号97頁／判タ1425号289頁
〔一部認容、一部棄却〕

認定額	各30万円

被害者	住民
侵害態様	住民票の不正取得
判決要旨	探偵事務所の従業員が住民票を不正取得して被害者らのプライバシーに係る利益を侵害した事案につき、本件不法行為の内容や不法行為前に既に被害者らの氏名・住所を知っていたことその他一切の事情を考慮して、各自30万円の慰謝料が認められた事例。

277

福岡高裁平成 25 年 7 月 30 日判決 ［28212896］
◆判時 2201 号 69 頁 / 判タ 1417 号 100 頁
〔原判決変更〕

認定額	30 万円

被害者	市職員
侵害態様	私生活に不当に介入するような言動
判決要旨	市の職員である男女が市営団地の前で抱き合うなどしていたという市民からの通報に基づき、その窓口である市の総務課の課長が両職員に対して面談を行った際の言動が、男性職員に対する誹謗中傷、名誉毀損あるいは私生活に対する不当な介入であって国家賠償法上違法であり、課長の故意による人格権侵害であるとして、男性職員に 30 万円の慰謝料が認められた事例。
上下審	第一審：福岡地裁行橋支部平成 25 年 3 月 19 日判決［28212895］〔棄却〕
評釈	▶伴義聖、松丸多一・判例地方自治 377 号 4 〜 10 頁 2014 年

278

大阪地裁平成 16 年 9 月 29 日判決 ［28100439］
◆労判 884 号 38 頁
〔一部認容、一部棄却〕

認定額	30 万円

被害者	労働組合組合員
侵害態様	組合員のノートの写しを作成・保管
判決要旨	労働組合の組合員が落としたノートに怠業行為の存在や組合らの関与の可能性が看取できる記載を発見し、それを証拠化するために当該記載部分の写しを作成して使用者が保管することは許されるが、プライバシーに関する部分を含むすべてのページの写しを作成することは違法とされた事案で、その目的の正当性と組合の怠業行為の蓋然性が高いことを勘案して、慰謝料が 30 万円とされた事例。

279

東京地裁平成17年9月13日判決［28112227］
◆交通民集38巻5号1254頁
〔一部認容、一部棄却〕

認定額	20万円

被害者	交通事故被害者
侵害態様	加害者の上司からの被害者を非難する内容の電話
判決要旨	信号無視をして交差点に進入した加害車（普通乗用車）が対面信号に従い横断歩道を歩行中の被害者（年齢不明・女・公務員）に衝突した事故につき、加害車運転者の上司が、被害者の訴訟代理人及び被害者本人を通さず、被害者の上司に電話で本件事故の示談交渉に関し被害者を非難するようなことを述べた点は、被害者のプライバシー権、あるいは弁護士依頼権を侵害するおそれがあり、通常の示談交渉の範囲を超え、被害者の受忍限度を超えるものとして不法行為を構成するとして、その精神的苦痛に対する慰謝料20万円が認められた事例。

280

名古屋地裁平成 7 年 11 月 8 日判決 ［28011339］
◆判時 1576 号 125 頁
〔一部認容、一部棄却〕

認定額	10 万円

被害者	虚偽供述により逮捕された者
侵害態様	聞き込み捜査中の前科公言
判決要旨	覚醒剤取締法違反容疑で逮捕された者が、取調べの際に覚醒剤は第三者から預かったものであるとの虚偽の供述をしたため、同第三者が逮捕・勾留された事案につき、警察官の逮捕の違法性及び聞き込み捜査中の前科公言によるプライバシー侵害を認め、慰謝料として 10 万円が認容された事例。

II　プライバシー侵害

281

大阪地裁平成 19 年 3 月 30 日判決 ［28141845］
◆判タ 1273 号 221 頁
〔変更〕

認定額	3 万円

被害者	賃借人
侵害態様	同意を得ずに建物へ立ち入り
判決要旨	賃貸建物の管理会社の代表者が、賃貸人の設置したクーラー修理のため賃借人の同意を得ずに本件建物に立ち入っては賃借人のプライバシーを侵害した事案につき、プライバシー侵害の程度、賃借人が女性であることなどを斟酌し、慰謝料として 3 万円が相当であるとされた事例。
上下審	第一審：大阪池田簡易裁判所平成 18 年 7 月 19 日判決 ［28171008］

III

判例INDEX

氏名・肖像権侵害

III 氏名・肖像権侵害

》1. 雑誌

282

大阪地裁平成14年2月19日判決［28071830］
◆判タ1109号170頁
〔一部認容、一部棄却〕

認定額	① 200万円 ② 400万円

被害者	被告人
侵害態様	①法廷内写真の週刊誌への掲載 ②法廷内イラスト及び被告人を侮辱する記事の掲載
判決要旨	1　和歌山毒入りカレー事件の被告人を法廷内で隠し撮りした写真を写真週刊誌に掲載して同被告人の肖像権を侵害した事案につき、本件写真は手錠と腰縄を付けられた様子を捉えたものであるうえ、同人を「怪物」と表現する箇所が数か所あるなど同人に重大な精神的苦痛を与えるものであること、本件写真週刊誌は発行部数約40万部にのぼり、その広告は新聞や電車の車内等に多数掲載されていたこと等を考慮して、200万円の慰謝料が認められた事例。

2　上記肖像権侵害について写真週刊誌出版社に対して損害賠償請求訴訟を提起したことを、「ご多忙の折、その行動力にはただ頭が下がるばかりです」などと法廷内イラスト付きで報じた記事により、同被告人の肖像権が侵害されるとともに名誉が毀損された事案につき、本件記事は同人の提訴をやゆし、同人を侮辱する主観的な記述に終始していることや、本件写真週刊誌の印刷部数や頒布状況等を考慮して、400万円の慰謝料が認められた事例。

上下審	第一審：東京地裁平成16年7月14日判決／判時1879号71頁／判タ1180号232頁［28100352］〔一部認容、一部棄却〕
評釈	▶大家重夫・コピライト548号35〜49頁2006年 ▶斉藤博・判例評論585号（判例時報1978）198〜202頁2007年 ▶花本広志・私法判例リマークス〔35〕＜2007〔下〕〔平成18年度判例評論〕＞（法律時報別冊）62〜65頁2007年 ▶豊田彰・日本法学〔日本大学〕74巻3号330〜316頁2008年 ▶小野田丈士・コピライト576号28〜32頁2009年 ▶内藤篤・著作権判例百選＜第4版＞（別冊ジュリスト198）180〜181頁2009年

283

東京地裁平成 13 年 9 月 5 日判決 ［28062410］
◆判時 1773 号 104 頁／判タ 1070 号 77 頁
〔一部認容、一部棄却〕

認定額	200 万円

被 害 者	女性アナウンサー
侵害態様	週刊誌へ水着写真の無断掲載
判決要旨	週刊誌に本人に無断でテレビ局女性アナウンサーの水着姿の写真が掲載され、同人の肖像権が侵害された事案につき、200 万円の慰謝料が認められた事例。
評　　釈	▶判例タイムズ 1070 号 29 〜 93 頁 2001 年

284

東京高裁平成 18 年 4 月 26 日判決 ［28111808］
◆判時 1954 号 47 頁 / 判タ 1214 号 91 頁
〔一部認容、一部控訴棄却〕

認定額	①各 30 万円〜 150 万円 ②各 15 万円〜 120 万円
被 害 者	著名芸能人
侵害態様	①週刊誌への個人情報等の掲載 ②週刊誌への写真掲載等
判決要旨	1　パブリシティ権は、名誉権やプライバシー権と異なるものではあるが、著名な芸能人の肖像等というその人格と分離することができない法律上の利益に係るものであることにおいて共通性を有するから、パブリシティ権侵害による損害賠償額の算定においては、プライバシー権侵害による損害賠償額の算定と適切に関連させて検討するのが相当である。 2　芸能週刊誌に著名芸能人らの出身・経歴・家族生活状況、制服姿で登校する様子等の記事や写真が掲載されたことによるプライバシー権侵害につき、本件雑誌が追っかけ等の写真を用いる投稿を募集していること、制服姿や実家の所在が明らかになることでストーカー被害にあうおそれがあること等を考慮して、各 30 万円から 150 万円の慰謝料が認められた事例。

	3　前記写真掲載等による著名芸能人らのパブリシティ権侵害につき、掲載された写真の大きさ、イメージを損なうおそれがある点の有無、そのおそれの内容等、雑誌発行会社が得た利益の額等を考慮して、各15万円から120万円の慰謝料が認められた事例。
上下審	**第一審**：東京地裁平成16年7月14日判決／判時1879号71頁／判タ1180号232頁［28100352］〔一部認容、一部棄却〕
評　釈	▶大家重夫・コピライト548号35〜49頁2006年 ▶斉藤博・判例評論585号（判例時報1978）198〜202頁2007年 ▶花本広志・私法判例リマークス〔35〕＜2007〔下〕〔平成18年度判例評論〕＞（法律時報別冊）62〜65頁2007年 ▶豊田彰・日本法学〔日本大学〕74巻3号330〜316頁2008年 ▶小野田丈士・コピライト576号28〜32頁2009年 ▶内藤篤・著作権判例百選＜第4版＞（別冊ジュリスト198）180〜181頁2009年

285

東京地裁平成 10 年 9 月 29 日判決 ［28052709］
◆判タ 1042 号 180 頁
〔一部認容、一部棄却〕

認定額	150 万円

被害者	夫と娘を失った女性
侵害態様	告別式の写真の無断撮影、週刊誌への掲載
判決要旨	米国で発生した射殺事件で夫と娘を失った未亡人の告別式における写真を無断で撮影し、「告別式でみせた未亡人『一瞬の激情』」との見出しをつけたグラビア記事が週刊誌に掲載されたことにより、未亡人の名誉が毀損され、肖像権が侵害された事案につき、弁護士費用を含めて 150 万円の損害賠償が認められた事例。

Ⅲ 氏名・肖像権侵害

286

東京地裁平成 22 年 7 月 28 日判決［28180429］
◆判タ 1362 号 168 頁
〔一部認容、一部棄却〕

認定額	50 万円

被害者	ファッションリーダー
侵害態様	漫画の登場人物が実在の人物に酷似
判決要旨	不良系ファッションのファッションリーダーの写真に基づいて作画され同人に酷似した人物を漫画に登場させ、その登場人物が薬物事犯や暴力行為等の犯罪行為を行う愚連隊のリーダーであり、けんかをして中学生に叩きのめされて惨めに横たわっているという描写を漫画雑誌に掲載して、同人の名誉感情及び肖像権を侵害した事案につき、本件描写の内容・態様等のほか、本件漫画雑誌の発行部数（160万部）、既に漫画家及び出版社から謝罪文が交付されていること等諸般の事情を総合考慮して、50万円の慰謝料が認められた事例。

287

青森地裁平成7年3月28日判決　[27828438]
◆判時1546号88頁／判タ891号213頁
〔一部認容、一部棄却〕

認定額	10万円

被害者	核燃料サイクル施設建設反対派主導者
侵害態様	地域情報誌への写真の掲載
判決要旨	核燃料サイクル施設の事業母体である会社が、施設の建設・操業を円滑に行うことを目的として発行したPR的性格をもつ地域情報誌の表紙に、施設建設反対派の主導者の写真を掲載し、被写体となった者の肖像権及び名誉感情が侵害された事案につき、慰謝料として10万円が認められた事例。

2. 新聞

288

横浜地裁平成 7 年 7 月 10 日判決 ［27828045］
◆判タ 885 号 134 頁
〔一部認容〕

認定額	100 万円

被害者	カフェバー経営者
侵害態様	北朝鮮工作員等との関係を疑わせる新聞記事及び写真の掲載
判決要旨	横須賀でカフェバーを経営する女性が、北朝鮮の工作員と接触し、その指示を受けて各種の情報収集活動を行っていた等の事実を新聞に記載して、同人の名誉・信用を毀損し、釈放されて警察から出てきたところを撮影した写真を掲載して同人の肖像権を侵害した事案につき、慰謝料として 100 万円が認められた事例。

3. テレビ

289

東京地裁平成21年4月14日判決［28152774］
◆判時2047号136頁 / 判タ1305号183頁
〔一部認容、一部棄却〕

認定額	100万円

被害者	廃棄物収集車運転手
侵害態様	承諾なしに容貌等をテレビで生放送
判決要旨	テレビ番組の制作会社が、廃棄物収集車の運転手の承諾なしにその容貌等を生放送し、同運転手の肖像権やプライバシーを侵害した行為について、本件テレビ番組制作会社及びこの番組の放送会社に対する100万円の慰謝料請求権が認められた事例。
評釈	▶江森史麻子・駒沢法曹6号57〜78頁2010年

290

東京地裁平成 12 年 10 月 27 日判決 ［28060744］
◆判タ 1053 号 152 頁
〔一部認容〕

認定額	50 万円

被害者	被疑者（元弁護士）
侵害態様	隠し撮りした映像の放映
判決要旨	元弁護士が偽造商品券を金券ショップに持ち込み、偽造有価証券行使・詐欺の容疑で逮捕された事件を報道するテレビ番組において、隠し撮りした容疑者の映像が放映され、同容疑者の肖像権が侵害された事案につき、同映像は私的な生活の一局面を映したものであること、放映された映像は、容疑者が元弁護士であるということと相まって一般の視聴者に必要以上の印象を与えるものであること等を考慮して、50 万円の慰謝料が認められた事例。
評　釈	▶磯本典章・学習院大学大学院法学研究科法学論集 9・10 号 267 〜 272 頁 2003 年 ▶河野敬・メディア判例百選（別冊ジュリスト 179）194 〜 195 頁 2005 年

4.WEB

291

東京地裁平成12年1月31日判決［28060276］
◆判タ1046号187頁
〔一部認容〕

認定額	200万円

被害者	会社員
侵害態様	ネガ・フィルムを盗み出し、ホームページで写真を公開
判決要旨	会社員が被害者である同僚の事務用机の引出しからネガ・フィルムを盗み出し、自己のホームページに掲載した行為につき、被害者はタオルしか身につけていない姿を公開され、また、他の女性のヌード写真と関連付けて顔写真を公開されており、公開されていた期間は2か月たらずであるが、一切の事情を勘案して被害者に200万円の慰謝料が認められた事例。
評　釈	▶平田健治・私法判例リマークス〔24〕＜2002〔上〕〔平成13年度判例評論〕＞（法律時報別冊）63～65頁2002年

III 氏名・肖像権侵害

292

東京地裁平成 17 年 9 月 27 日判決 ［28110571］
◆判時 1917 号 101 頁
〔一部認容、一部棄却〕

認定額	30 万円

被害者	公道の歩行者
侵害態様	容貌を含めて大写しに撮影した写真をウェブサイトに掲載
判決要旨	東京の最先端のストリートファッションを紹介する目的で、公道を歩いていた被害者の全身に焦点を絞り込み、容貌を含めて大写しに撮影した写真をウェブサイトに掲載して被害者の肖像権を侵害した事案につき、これにより被害者が屈辱感、不快感、恐怖感等の精神的苦痛を被ったこと、第三者から下品な誹謗中傷を受け心因反応に陥り通院加療を余儀なくされたこと、加害者が謝罪していること等一切の事情を考慮して、30 万円の慰謝料が認められた事例。

》5. 監視・防犯カメラ

293

東京地裁平成 22 年 9 月 27 日判決［28171717］
◆判タ 1343 号 153 頁
〔一部認容、一部棄却〕

認定額	100 万円

被害者	著名人
侵害態様	監視カメラの映像の編集、DVD 作成
判決要旨	コンビニエンスストアに監視カメラを納入し設置している会社が、監視カメラに写っている著名人が万引きした場面とされているテレビ報道番組の映像を抜粋し編集して DVD を作成し放映及び配布して、名誉を毀損し、当該著名人の肖像に係わる人格的利益及びプライバシー権を侵害したことの損害につき、会社には自らの商業目的に利用した面がある一方で、著名人が万引きした場面とされる映像は民放各社が、連日のように、放映していることなどを総合考慮すれば、慰謝料として 100 万円とするのが相当とされた事例。

III 氏名・肖像権侵害

294

東京地裁平成18年3月31日判決［28111539］
◆判タ1209号60頁
〔一部認容、一部棄却〕

認定額	80万円

被害者	有名芸能人
侵害態様	防犯カメラ写真の週刊誌への掲載
判決要旨	有名芸能人が新宿歌舞伎町のAV店でアダルトビデオを購入したとの記事が、同人がアダルトビデオを物色している防犯カメラの写真とともに週刊誌に掲載されて、同人のプライバシー及び肖像権に近接する人格的利益が侵害された事案につき、本件写真が防犯カメラの目的外使用に当たることを認識しながら週刊誌に掲載した行為の悪質性、当該芸能人が自らの私的事項を公にさらすことによって注目を集め人気を博していること、本件週刊誌の発行部数等一切の事情を考慮して、80万円の慰謝料が認められた事例。

6. 広告

295

東京地裁平成 17 年 12 月 16 日判決［28111674］
◆判時 1932 号 103 頁
〔一部認容、一部棄却〕

認定額	100 万円

被害者	モデル
侵害態様	出会い系サイト広告への顔写真の無断掲載
判決要旨	メイクのサンプル用として撮影された顔写真が出会い系サイトの広告に無断使用され、モデルの肖像権が侵害された事案につき、公表の意図なく撮影に応じた写真が 5 か月にわたって出会い系サイトの広告に用いられ、さらに多数のアダルト雑誌に顔写真が大きく掲載されて、被害者が大きな精神的打撃を被ったことを考慮して、100 万円の慰謝料が認められた事例。

III 氏名・肖像権侵害

296

東京地裁平成 20 年 12 月 24 日判決［28152072］
◆判タ 1298 号 204 頁
〔一部認容、一部棄却〕

認定額	30 万円

被害者	芸能人
侵害態様	ホームページへの氏名・顔写真等の無断掲載
判決要旨	1　芸能人が、どのような企業のどのような商品・サービス等の広告に出演するかや、いったん広告に出演することを許諾したとしても、当該広告に出演することを継続するかどうかは、自己の芸能人としてのイメージや、広告の主体である企業や広告の対象である商品・サービス等に対する社会的評価等の諸般の事情を考慮し、当該芸能人において、自己の意思に基づいて判断・決定をすることができるところ、無断でその氏名、肖像等を広告に使用された場合には、自らの自由な意思に基づいてこのような判断・決定をすることができるという主観的利益が侵害されたものであり、これによる精神的な苦痛は、財産的損害が賠償されたからといって回復されるものではなく、慰謝料によって慰謝されるべきである。

2　芸能人との間で広告出演契約を締結していた美容外科からそのホームページの管理運営を承継した会社が、前記契約終了後も当該芸能人の氏名及び顔写真並びにコメントを無断で掲載した事案で、当該芸能人に財産的損害のほかに30万円の慰謝料請求権が認められた事例。

上下審	**控訴審**：知的財産高裁平成21年6月29日判決／裁判所ウェブ［28153331］〔一部認容、一部棄却〕

7. その他

297

東京地裁平成 21 年 12 月 24 日判決 ［28161133］
◆労経速報 2068 号 3 頁
〔一部認容、一部却下、一部棄却〕

認定額	70 万円

被害者	会社代表者
侵害態様	顔写真、住所等を記載したビラの配布
判決要旨	労働組合員らが配布したビラによりプライバシー及び肖像権が侵害された会社代表者の損害につき、ビラの記載内容、表現方法の他、会社代表者が居住するマンションからの転居を余儀なくされたこと等の不利益の程度、会社代表者の顔写真や住所等をビラに記載する必要性及び相当性を見出し難いこと等を総合考慮し、慰謝料として 70 万円が認められた事例。
上下審	控訴審：【298】東京高裁平成 22 年 9 月 16 日判決／判タ 1347 号 153 頁［28170260］〔控訴棄却、変更〕

298

東京高裁平成22年9月16日判決［28170260］
◆判タ1347号153頁
〔控訴棄却、変更〕

認定額	30万円

被害者	会社代表者
侵害態様	顔写真、住所、紛争内容等を記載したビラの配布
判決要旨	会社代表者の顔写真、住所、職業、労働組合との紛争内容等が記載されたビラが代表者の自宅マンションの住民宅に投函され、代表者の肖像権及びプライバシーが侵害された事案につき、代表者は本件ビラ配布の結果周囲から好奇の目で見られる等の被害を被ったこと、組合活動の一環として行われたこと、1回にとどまること、会社と労働組合の団体交渉については6回のうち5回が労働委員会から不当労働行為の認定を受けていること等の事実を総合考慮して、30万円の慰謝料が認められた事例。
上下審	第一審：【297】東京地裁平成21年12月24日判決／労経速報2068号3頁［28161133］〔一部認容、一部却下、一部棄却〕

299

東京高裁平成 22 年 4 月 7 日判決［28162537］
◆判時 2083 号 81 頁／判タ 1344 号 169 頁
〔変更〕

認定額	各 3 万円

被 害 者	被告の義妹、義弟
侵害態様	名義の無断使用
判決要旨	他人に名義を無断で使用され、銀行口座・証券顧客口座を開設され、生命保険契約を締結されて人格的利益を侵害された被害者の慰謝料につき、加害者は被害者名義の口座等をもって被害者らに経済的又は精神的な損害を与える意図を有していたとはいえず、加害者の言い分にも相応の理由があり、無断使用の違法性は決して高いものと評価することはできないとして、3 万円が認められた事例。
上 下 審	第一審：東京地裁平成 21 年 6 月 26 日判決［28170650］
評　　釈	▶河津博史・銀行法務 2154 巻 13 号 53 頁 2010 年

300

東京地裁平成 22 年 3 月 29 日判決 ［28170280］
◆判時 2099 号 49 頁
〔一部認容、一部棄却〕

認定額	3 万円

被 害 者	弁護士
侵害態様	不倫の証拠の入手を目的とした写真撮影
判決要旨	共同経営に係る法律事務所の所属弁護士の 1 人が、もう 1 人の弁護士の不倫の証拠を入手しようとして、ホテル正面玄関付近でもう 1 人の弁護士を写真撮影したため、そのことに気づいたもう 1 人の弁護士ともみ合いになったにもかかわらず、さらにもう 1 人の弁護士を追尾して撮影したことにより、もう 1 人の弁護士の肖像権ないしプライバシーを侵害した事案につき、本件の行為態様その他一切の事情を考慮して、3 万円の慰謝料が認められた事例。
評 釈	▶市民と法 70 号 43 〜 47 頁 2011 年

認定額別索引

認定額	【判例番号】・裁判年月日・[判例ID]
1000万円	【001】東京地裁平成21年3月26日判決 [28151500]
1000万円	【189】横浜地裁平成13年10月11日判決 [28071582]
1000万円	【002】東京高裁平成13年7月5日判決 [28062405]
1000万円	【003】東京地裁平成13年4月24日判決 [28061368]
1000万円	【004】東京地裁平成13年3月27日判決 [28061990]
1000万円	【005】東京高裁平成11年6月30日判決 [28042135]
1000万円	【006】東京地裁平成11年2月15日判決 [28040902]
800万円	【007】東京地裁平成19年6月25日判決 [28140382]
800万円	【008】東京地裁平成18年9月28日判決 [28132240]
800万円	【009】福岡高裁平成16年2月23日判決 [28090965]
700万円	【010】東京地裁平成21年3月5日判決 [28151446]
600万円	【064】大阪地裁平成24年6月15日判決 [28210022]
600万円	【199】横浜地裁平成18年9月21日判決 [28130324]
600万円	【011】大分地裁平成15年5月15日判決 [28082208]
600万円	【012】東京高裁平成14年3月28日判決 [28071038]
600万円	【013】東京高裁平成13年12月26日判決 [28071037]
500万円	【014】東京地裁平成22年10月29日判決 [28180052]
500万円	【015】東京地裁平成19年1月17日判決 [28130304]
500万円	【213】大阪高裁平成16年2月19日判決 [28090956]
500万円	【016】京都地裁平成14年6月25日判決 [28073023]
500万円	【017】東京地裁平成13年12月6日判決 [28070669]
500万円	【018】東京地裁平成13年10月22日判決 [28072546]
500万円	【019】東京地裁平成13年9月5日判決 [28062410]
500万円	【065】東京地裁平成13年7月18日判決 [28062407]
500万円	【020】東京地裁平成7年3月14日判決 [27826997]
400万円	【021】東京地裁平成27年5月27日判決 [28232494]
400万円	【022】東京地裁平成25年8月30日判決 [28213285]
400万円	【023】東京地裁平成23年11月16日判決 [28212111]
400万円	【165】東京地裁平成15年7月15日判決 [28090994]
400万円	【094】東京高裁平成15年2月26日判決 [28081428]

認定額別索引

認定額	【判例番号】・裁判年月日・[判例ID]
400万円	【282】大阪地裁平成14年2月19日判決 [28071830]
320万円	【095】大阪地裁平成7年12月19日判決 [28010842]
300万円	【166】東京高裁平成27年8月26日判決 [28234338]
300万円	【024】東京地裁平成26年3月4日判決 [28223254]
300万円	【108】東京地裁平成25年1月29日判決 [28211578]
300万円	【025】東京高裁平成22年3月17日判決 [28173998]
300万円	【026】東京地裁平成21年11月9日判決 [28161598]
300万円	【272】東京高裁平成21年3月27日判決 [28153906]
300万円	【027】東京地裁平成21年2月4日判決 [28150955]
300万円	【028】東京地裁平成19年4月11日判決 [28131326]
300万円	【029】東京地裁平成18年11月7日判決 [28132235]
300万円	【030】大阪高裁平成18年6月14日判決 [28130249]
300万円	【031】東京地裁平成17年11月11日判決 [28130815]
300万円	【032】東京高裁平成17年11月9日判決 [28131127]
300万円	【033】京都地裁平成17年10月18日判決 [28102287]
300万円	【034】東京地裁平成16年3月22日判決 [28101379]
300万円	【096】東京地裁平成15年12月17日判決 [28101036]
300万円	【035】東京地裁平成15年7月25日判決 [28082430]
300万円	【123】東京地裁平成15年7月17日判決 [28082432]
300万円	【251】東京地裁平成15年5月28日判決 [28082310]
300万円	【097】東京地裁平成13年12月25日判決 [28070695]
300万円	【036】東京地裁平成13年7月30日判決 [28081547]
300万円	【037】大阪地裁平成13年7月16日判決 [28071073]
300万円	【190】浦和地裁平成13年4月27日判決 [28062164]
300万円	【038】東京地裁平成10年11月16日判決 [28052332]
300万円	【098】東京地裁平成8年2月28日判決 [28011007]
300万円	【144】東京地裁平成7年5月30日判決 [27828258]
250万円	【145】東京地裁平成26年7月7日判決 [28230145]
250万円	【066】大阪地裁平成22年10月19日判決 [28173932]
250万円	【067】東京地裁平成20年12月12日判決 [28151445]
250万円	【068】東京地裁平成19年9月18日判決 [28142176]
250万円	【069】大阪高裁平成12年12月21日判決 [28070508]

323

認定額	【判例番号】・裁判年月日・[判例ID]
250万円	【070】大阪地裁平成11年3月19日判決［28051195］
200万円	【146】東京地裁平成27年6月29日判決［28240588］
200万円	【273】福岡地裁久留米支部平成26年8月8日判決［28224340］
200万円	【071】東京地裁平成25年12月24日判決［28222701］
200万円	【139】東京地裁平成24年1月27日判決［28180942］
200万円	【167】長崎地裁平成23年11月30日判決［28181171］
200万円	【168】東京地裁平成22年6月29日判決［28163428］
200万円	【039】東京地裁平成21年8月28日判決［28160703］
200万円	【040】東京地裁平成21年4月15日判決［28153073］
200万円	【041】神戸地裁尼崎支部平成20年11月13日判決［28151261］
200万円	【109】広島地裁平成20年10月2日判決［28142299］
200万円	【072】東京地裁平成19年12月10日判決［28140190］
200万円	【042】東京地裁平成19年1月23日判決［28132448］
200万円	【240】東京地裁平成18年11月7日判決［28131757］
200万円	【223】東京地裁平成18年5月23日判決［28111577］
200万円	【224】東京地裁平成17年10月27日判決［28110107］
200万円	【099】東京高裁平成15年7月31日判決［28082703］
200万円	【043】東京地裁平成15年6月30日判決［28082655］
200万円	【124】東京高裁平成14年12月25日判決［28080740］
200万円	【125】東京地裁平成14年6月26日判決［28072133］
200万円	【214】岡山地裁平成14年5月15日判決［28071832］
200万円	【283】東京地裁平成13年9月5日判決［28062410］
200万円	【215】東京地裁平成12年11月13日判決［28062231］
200万円	【252】千葉地裁平成12年6月12日判決［28051950］
200万円	【233】東京地裁平成12年2月29日判決［28050598］
200万円	【291】東京地裁平成12年1月31日判決［28060276］
200万円	【225】大阪地裁平成11年6月9日判決［28041977］
200万円	【073】札幌地裁平成11年3月1日判決［28060339］
200万円	【074】東京地裁平成8年8月30日判決［28030800］
200万円	【110】東京地裁平成8年7月30日判決［28021011］
200万円	【169】名古屋地裁平成8年3月13日判決［28011480］
200万円	【075】東京地裁平成7年3月29日判決［28010372］

認定額	【判例番号】・裁判年月日・[判例ID]
150万円	【044】東京高裁平成27年7月8日判決[28241636]
150万円	【226】東京地裁平成27年6月24日判決[28240148]
150万円	【076】東京地裁平成27年2月27日判決[28231166]
150万円	【045】東京地裁平成26年9月26日判決[28230841]
150万円	【147】名古屋地裁平成24年1月25日判決[28181466]
150万円	【126】長野地裁上田支部平成23年1月14日判決[28173161]
150万円	【148】東京地裁平成19年6月25日判決[28140420]
150万円	【284】東京高裁平成18年4月26日判決[28111808]
150万円	【191】東京高裁平成17年6月29日判決[28111806]
150万円	【046】東京地裁平成14年10月15日判決[28080047]
150万円	【047】東京地裁平成12年5月31日判決[28060424]
150万円	【216】静岡地裁浜松支部平成11年10月12日判決[28052148]
150万円	【170】大阪地裁平成11年3月31日判決[28042631]
150万円	【285】東京地裁平成10年9月29日判決[28052709]
150万円	【111】東京地裁平成8年9月30日判決[28020098]
150万円	【077】東京高裁平成7年11月27日判決[28011374]
150万円	【048】東京地裁平成7年7月26日判決[28010277]
120万円	【112】東京地裁平成18年4月28日判決[28131125]
120万円	【049】東京高裁平成17年5月31日判決[28131639]
100万円	【078】広島高裁松江支部平成27年6月3日判決[28233658]
100万円	【149】東京地裁平成26年7月9日判決[28224887]
100万円	【050】東京高裁平成26年6月26日判決[28223000]
100万円	【113】東京地裁平成25年11月28日判決[28214210]
100万円	【127】仙台地裁平成25年8月29日判決[28221283]
100万円	【192】京都地裁平成24年12月5日判決[28211782]
100万円	【128】東京地裁平成24年1月31日判決[28181380]
100万円	【293】東京地裁平成22年9月27日判決[28171717]
100万円	【129】東京地裁平成22年1月18日判決[28162462]
100万円	【289】東京地裁平成21年4月14日判決[28152774]
100万円	【100】東京高裁平成21年2月5日判決[28152639]
100万円	【051】東京地裁平成20年12月25日判決[28150957]
100万円	【114】東京高裁平成20年10月9日判決[28150225]

認定額	【判例番号】・裁判年月日・［判例ID］
100万円	【115】東京地裁平成19年8月27日判決［28131986］
100万円	【116】東京地裁平成18年10月27日判決［28132161］
100万円	【295】東京地裁平成17年12月16日判決［28111674］
100万円	【193】大阪地裁平成17年7月27日判決［28110120］
100万円	【232】東京地裁平成17年3月14日判決［28101306］
100万円	【253】東京地裁平成15年6月20日判決［28082582］
100万円	【052】東京地裁平成14年3月13日判決［28071546］
100万円	【117】東京高裁平成14年2月27日判決［28071845］
100万円	【227】東京地裁平成13年10月5日判決［28072364］
100万円	【238】東京高裁平成13年7月18日判決［28061972］
100万円	【217】名古屋地裁平成13年7月11日判決［28071554］
100万円	【053】東京高裁平成12年12月28日判決［28061671］
100万円	【079】東京高裁平成12年9月19日判決［28052041］
100万円	【234】東京地裁平成11年6月22日判決［28050101］
100万円	【054】東京高裁平成10年11月16日判決［28040804］
100万円	【171】東京地裁平成10年9月25日判決［28041241］
100万円	【055】東京高裁平成10年1月28日判決［28033074］
100万円	【080】東京高裁平成9年1月29日判決［28020918］
100万円	【056】東京高裁平成8年9月30日判決［28021150］
100万円	【057】東京高裁平成8年7月30日判決［28020816］
100万円	【218】大阪地裁平成8年1月23日判決［28011127］
100万円	【081】水戸地裁平成7年9月27日判決［28010526］
100万円	【082】横浜地裁平成7年7月10日判決［27828044］
100万円	【288】横浜地裁平成7年7月10日判決［27828045］
100万円	【228】東京地裁平成7年4月14日判決［27828595］
90万円	【058】東京高裁平成18年10月18日判決［28112522］
90万円	【130】東京地裁平成15年6月25日判決［28082652］
90万円	【179】東京地裁平成10年2月20日判決［28042598］
80万円	【172】大阪地裁平成25年11月8日判決［28221520］
80万円	【194】東京地裁平成21年2月20日判決［28160117］
80万円	【294】東京地裁平成18年3月31日判決［28111539］
75万円	【235】名古屋高裁平成12年10月25日判決［28060560］

認定額	【判例番号】・裁判年月日・［判例ID］
70万円	【118】札幌地裁平成23年2月25日判決［28173766］
70万円	【297】東京地裁平成21年12月24日判決［28161133］
70万円	【229】東京地裁平成21年9月29日判決［28170461］
60万円	【150】水戸地裁平成26年4月11日判決［28230335］
60万円	【151】東京高裁平成24年12月17日判決［28212715］
60万円	【243】東京地裁平成21年5月11日判決［28153913］
60万円	【101】札幌地裁平成21年4月20日判決［28153914］
60万円	【140】東京地裁平成15年8月22日判決［28090144］
60万円	【200】大阪地裁平成15年3月12日判決［28082194］
55万円	【173】東京地裁平成14年9月3日判決［28080470］
50万円	【152】東京地裁平成24年12月19日判決［28212581］
50万円	【236】広島地裁平成24年5月23日判決［28210023］
50万円	【131】東京高裁平成23年1月12日判決［28173817］
50万円	【286】東京地裁平成22年7月28日判決［28180429］
50万円	【180】東京地裁平成22年5月27日判決［28162797］
50万円	【102】東京地裁平成21年8月26日判決［28171555］
50万円	【132】東京高裁平成21年6月17日判決［28160674］
50万円	【274】東京地裁平成21年4月13日判決［28152094］
50万円	【141】東京地裁平成21年3月18日判決［28151664］
50万円	【174】東京地裁平成20年12月5日判決［28153072］
50万円	【195】東京地裁平成16年11月29日判決［28100841］
50万円	【103】東京地裁平成16年5月31日判決［28091774］
50万円	【119】新潟地裁高田支部平成14年3月29日判決［28072854］
50万円	【254】東京高裁平成13年7月18日判決［28061690］
50万円	【239】大阪地裁平成13年5月29日判決［28070216］
50万円	【290】東京地裁平成12年10月27日判決［28060744］
50万円	【083】東京高裁平成12年2月23日判決［28071693］
50万円	【104】名古屋地裁平成12年1月26日判決［28060341］
50万円	【275】東京高裁平成11年12月16日判決［28062614］
50万円	【201】東京高裁平成11年6月8日判決［28050124］
50万円	【105】東京高裁平成10年12月22日判決［28051361］
50万円	【219】大阪地裁平成10年6月29日判決［28033339］

認定額	【判例番号】・裁判年月日・[判例ID]
50万円	【084】仙台高裁平成10年6月26日判決 [28041161]
50万円	【059】東京地裁平成10年3月30日判決 [28033459]
50万円	【181】東京高裁平成9年12月17日判決 [28031950]
50万円	【153】東京地裁平成9年8月28日判決 [28033293]
50万円	【106】高松地裁平成9年6月30日判決 [28042942]
50万円	【133】東京地裁平成9年5月26日判決 [28021779]
50万円	【202】東京地裁平成9年4月17日判決 [28031605]
50万円	【203】京都地裁平成9年4月17日判決 [28021098]
50万円	【085】千葉地裁平成9年3月26日判決 [28031265]
50万円	【182】秋田地裁平成9年1月28日判決 [28030715]
50万円	【255】東京地裁平成8年11月18日判決 [28021545]
50万円	【204】東京地裁八王子支部平成8年11月7日判決 [28021305]
50万円	【237】高松高裁平成8年4月26日判決 [28020361]
50万円	【107】東京地裁平成8年4月26日判決 [28020013]
50万円	【220】東京地裁平成7年12月25日判決 [28022406]
40万円	【230】東京地裁平成25年4月26日判決 [28211826]
40万円	【134】東京高裁平成13年9月5日判決 [28071458]
40万円	【086】東京地裁平成11年3月29日判決 [28041256]
40万円	【120】東京地裁平成10年3月4日判決 [28041143]
40万円	【142】前橋地裁平成9年2月18日判決 [28030809]
40万円	【087】東京高裁平成7年3月29日判決 [28021620]
30万円	【276】東京地裁平成27年12月21日判決 [29015703]
30万円	【183】大阪高裁平成27年10月2日判決 [28240313]
30万円	【221】名古屋高裁平成27年2月5日判決 [28230738]
30万円	【256】大阪高裁平成26年8月28日判決 [28230741]
30万円	【277】福岡高裁平成25年7月30日判決 [28212896]
30万円	【196】東京地裁平成25年5月23日判決 [28213859]
30万円	【177】札幌地裁平成23年4月25日判決 [28174667]
30万円	【298】東京高裁平成22年9月16日判決 [28170260]
30万円	【154】知的財産高裁平成22年3月29日判決 [28160876]
30万円	【155】東京地裁平成22年3月29日判決 [28170280]
30万円	【257】大阪地裁平成21年10月16日判決 [28161613]

認定額	【判例番号】・裁判年月日・［判例ID］
30万円	【156】大阪地裁平成21年1月15日判決［28150842］
30万円	【296】東京地裁平成20年12月24日判決［28152072］
30万円	【175】名古屋地裁平成20年7月11日判決［28153022］
30万円	【157】東京高裁平成20年6月26日判決［28151418］
30万円	【158】東京地裁平成19年11月29日判決［28141367］
30万円	【292】東京地裁平成17年9月27日判決［28110571］
30万円	【246】東京地裁平成17年3月22日判決［28102029］
30万円	【278】大阪地裁平成16年9月29日判決［28100439］
30万円	【135】名古屋地裁平成15年9月12日判決［28090158］
30万円	【159】大阪地裁堺支部平成15年6月18日判決［28082648］
30万円	【184】水戸地裁平成13年9月26日判決［28071967］
30万円	【205】福岡高裁平成12年11月22日判決［28072795］
30万円	【176】千葉地裁松戸支部平成12年8月10日判決［28060485］
30万円	【247】東京地裁八王子支部平成12年2月24日判決［28051705］
30万円	【248】東京高裁平成11年9月22日判決［28052050］
30万円	【231】名古屋地裁平成11年6月30日判決［28042818］
30万円	【206】大津地裁平成10年1月19日判決［28040265］
30万円	【160】東京地裁平成9年4月21日判決［28031090］
30万円	【207】大阪地裁平成9年1月24日判決［28020760］
30万円	【121】千葉地裁平成8年9月25日判決［28021189］
30万円	【197】大阪地裁平成8年5月27日判決［28011257］
30万円	【161】東京地裁平成7年11月21日判決［28010144］
30万円	【185】東京高裁平成7年2月27日判決［27827673］
25万円	【060】東京高裁平成7年10月30日判決［28010215］
21万円	【258】東京地裁平成22年10月28日判決［28163213］
20万円	【163】東京地裁平成26年9月5日判決［28232677］
20万円	【136】東京高裁平成24年8月29日判決［28212580］
20万円	【137】千葉地裁松戸支部平成21年9月11日判決［28160633］
20万円	【061】大阪高裁平成19年12月26日判決［28141503］
20万円	【259】東京高裁平成19年2月14日判決［28140988］
20万円	【249】東京地裁平成18年3月20日判決［28111739］
20万円	【279】東京地裁平成17年9月13日判決［28112227］

認定額	【判例番号】・裁判年月日・[判例ID]
20万円	【242】東京地裁八王子支部平成17年4月13日判決［28111608］
20万円	【186】宮崎地裁平成12年5月29日判決［28060428］
20万円	【143】大津地裁平成8年10月14日判決［28022246］
20万円	【088】東京高裁平成8年5月20日判決［28011375］
20万円	【089】東京高裁平成8年4月26日判決［28021621］
20万円	【122】東京高裁平成8年3月25日判決［28020895］
10万円	【244】東京地裁平成27年11月5日判決［29015330］
10万円	【250】広島高裁平成27年6月18日判決［28234349］
10万円	【090】水戸地裁平成24年9月14日判決［28222046］
10万円	【241】東京地裁平成21年1月21日判決［28151499］
10万円	【187】京都地裁平成18年8月31日判決［28111950］
10万円	【245】東京高裁平成16年2月25日判決［28091898］
10万円	【260】東京高裁平成16年2月13日判決［28091892］
10万円	【188】前橋地裁平成15年7月25日判決［28082534］
10万円	【178】東京地裁平成11年3月19日判決［28042243］
10万円	【198】大阪地裁平成11年2月17日判決［28042015］
10万円	【271】徳島地裁平成10年9月11日判決［28042885］
10万円	【062】東京高裁平成10年5月28日判決［28042167］
10万円	【261】東京地裁平成10年1月21日判決［28033027］
10万円	【208】東京高裁平成9年12月24日判決［28040244］
10万円	【280】名古屋地裁平成7年11月8日判決［28011339］
10万円	【063】東京高裁平成7年10月16日判決［28020077］
10万円	【287】青森地裁平成7年3月28日判決［27828438］
6万円	【262】東京簡裁平成16年11月2日判決［28100885］
5万円	【222】横浜地裁平成26年10月17日判決［28224420］
5万円	【209】長野地裁上田支部平成23年3月4日判決［28180162］
5万円	【210】東京地裁平成21年3月24日判決［28151759］
5万円	【263】京都地裁平成20年3月25日判決［28141011］
5万円	【164】東京高裁平成17年4月20日判決［28111490］
5万円	【264】松山地裁平成15年10月2日判決［28091654］
5万円	【091】神戸地裁平成8年7月18日判決［28021013］
4万円	【092】東京高裁平成9年11月10日判決［28031924］

認定額	【判例番号】・裁判年月日・［判例ID］
3万円	【299】東京高裁平成22年4月7日判決［28162537］
3万円	【300】東京地裁平成22年3月29日判決［28170280］
3万円	【265】東京地裁平成20年10月24日判決［28150739］
3万円	【281】大阪地裁平成19年3月30日判決［28141845］
3万円	【266】東京地裁平成19年2月8日判決［28131313］
2万円	【211】佐賀地裁平成26年4月25日判決［28223734］
1万円	【212】東京高裁平成25年8月23日判決［28221502］
1万円	【162】東京地裁平成19年7月24日判決［28140293］
1万円	【267】東京高裁平成14年1月16日判決［28070587］
5000円	【268】大阪地裁平成27年1月21日判決［28230657］
5000円	【269】大阪地裁平成18年5月19日判決［28111287］
5000円	【270】東京高裁平成16年3月23日判決［28091727］
3000円	【138】東京地裁平成11年9月24日判決［28051430］
0円	【093】東京高裁平成13年4月11日判決［28061366］

被害者属性別索引

【判例番号】・裁判年月日・［判例ID］	認定額
医師等	
【094】 東京高裁平成15年2月26日判決 ［28081428］	400万円
【032】 東京高裁平成17年11月9日判決 ［28131127］	300万円
【036】 東京地裁平成13年7月30日判決 ［28081547］	300万円
【068】 東京地裁平成19年9月18日判決 ［28142176］	250万円
【114】 東京高裁平成20年10月9日判決 ［28150225］	100万円
【115】 東京地裁平成19年8月27日判決 ［28131986］	100万円
【135】 名古屋地裁平成15年9月12日判決 ［28090158］	30万円
一般	
【123】 東京地裁平成15年7月17日判決 ［28082432］	300万円
【240】 東京地裁平成18年11月7日判決 ［28131757］	200万円
【124】 東京高裁平成14年12月25日判決 ［28080740］	200万円
【216】 静岡地裁浜松支部平成11年10月12日判決 ［28052148］	150万円
【238】 東京高裁平成13年7月18日判決 ［28061972］	100万円
【234】 東京地裁平成11年6月22日判決 ［28050101］	100万円
【130】 東京地裁平成15年6月25日判決 ［28082652］	90万円
【243】 東京地裁平成21年5月11日判決 ［28153913］	60万円
【275】 東京高裁平成11年12月16日判決 ［28062614］	50万円
【133】 東京地裁平成9年5月26日判決 ［28021779］	50万円
【202】 東京地裁平成9年4月17日判決 ［28031605］	50万円
【255】 東京地裁平成8年11月18日判決 ［28021545］	50万円
【134】 東京高裁平成13年9月5日判決 ［28071458］	40万円
【276】 東京地裁平成27年12月21日判決 ［29015703］	30万円
【256】 大阪高裁平成26年8月28日判決 ［28230741］	30万円
【292】 東京地裁平成17年9月27日判決 ［28110571］	30万円
【163】 東京高裁平成26年9月5日判決 ［28232677］	20万円
【244】 東京地裁平成27年11月5日判決 ［29015330］	10万円
【250】 広島高裁平成27年6月18日判決 ［28234349］	10万円
【241】 東京地裁平成21年1月21日判決 ［28151499］	10万円
【260】 東京地裁平成16年2月13日判決 ［28091892］	10万円
【261】 東京地裁平成10年1月21日判決 ［28033027］	10万円

【判例番号】・裁判年月日・[判例ID]	認定額
【209】 長野地裁上田支部平成23年3月4日判決 [28180162]	5万円
【263】 京都地裁平成20年3月25日判決 [28141011]	5万円
【281】 大阪地裁平成19年3月30日判決 [28141845]	3万円
【266】 東京地裁平成19年2月8日判決 [28131313]	3万円
【212】 東京高裁平成25年8月23日判決 [28221502]	1万円
【269】 大阪地裁平成18年5月19日判決 [28111287]	5000円
企業・団体関係（法人・代表等）	
【006】 東京地裁平成11年2月15日判決 [28040902]	1000万円
【213】 大阪高裁平成16年2月19日判決 [28090956]	500万円
【017】 東京地裁平成13年12月6日判決 [28070669]	500万円
【020】 東京地裁平成7年3月14日判決 [27826997]	500万円
【024】 東京地裁平成26年3月4日判決 [28223254]	300万円
【028】 東京地裁平成19年4月11日判決 [28131326]	300万円
【029】 東京地裁平成18年11月7日判決 [28132235]	300万円
【034】 東京地裁平成16年3月22日判決 [28101379]	300万円
【035】 東京地裁平成15年7月25日判決 [28082430]	300万円
【098】 東京地裁平成8年2月28日判決 [28011007]	300万円
【144】 東京地裁平成7年5月30日判決 [27828258]	300万円
【067】 東京地裁平成20年12月12日判決 [28151445]	250万円
【146】 東京地裁平成27年6月29日判決 [28240588]	200万円
【168】 東京地裁平成22年6月29日判決 [28163428]	200万円
【072】 東京地裁平成19年12月10日判決 [28140190]	200万円
【224】 東京地裁平成17年10月27日判決 [28110107]	200万円
【125】 東京地裁平成14年6月26日判決 [28072133]	200万円
【214】 岡山地裁平成14年5月15日判決 [28071832]	200万円
【074】 東京地裁平成8年8月30日判決 [28030800]	200万円
【191】 東京高裁平成17年6月29日判決 [28111806]	150万円
【046】 東京地裁平成14年10月15日判決 [28080047]	150万円
【047】 東京地裁平成12年5月31日判決 [28060424]	150万円
【048】 東京地裁平成7年7月26日判決 [28010277]	150万円
【050】 東京高裁平成26年6月26日判決 [28223000]	100万円
【192】 京都地裁平成24年12月5日判決 [28211782]	100万円
【128】 東京地裁平成24年1月31日判決 [28181380]	100万円

【判例番号】・裁判年月日・［判例ID］	認定額
【051】東京地裁平成20年12月25日判決［28150957］	100万円
【116】東京地裁平成18年10月27日判決［28132161］	100万円
【193】大阪地裁平成17年7月27日判決［28110120］	100万円
【052】東京地裁平成14年3月13日判決［28071546］	100万円
【227】東京地裁平成13年10月5日判決［28072364］	100万円
【218】大阪地裁平成8年1月23日判決［28011127］	100万円
【082】横浜地裁平成7年7月10日判決［27828044］	100万円
【288】横浜地裁平成7年7月10日判決［27828045］	100万円
【058】東京高裁平成18年10月18日判決［28112522］	90万円
【194】東京地裁平成21年2月20日判決［28160117］	80万円
【118】札幌地裁平成23年2月25日判決［28173766］	70万円
【297】東京地裁平成21年12月24日判決［28161133］	70万円
【151】東京高裁平成24年12月17日判決［28212715］	60万円
【200】大阪地裁平成15年3月12日判決［28082194］	60万円
【152】東京地裁平成24年12月19日判決［28212581］	50万円
【132】東京高裁平成21年6月17日判決［28160674］	50万円
【195】東京地裁平成16年11月29日判決［28100841］	50万円
【254】東京高裁平成13年7月18日判決［28061690］	50万円
【084】仙台高裁平成10年6月26日判決［28041161］	50万円
【085】千葉地裁平成9年3月26日判決［28031265］	50万円
【237】高松高裁平成8年4月26日判決［28020361］	50万円
【196】東京地裁平成25年5月23日判決［28213859］	30万円
【177】札幌地裁平成23年4月25日判決［28174667］	30万円
【298】東京高裁平成22年9月16日判決［28170260］	30万円
【154】知的財産高裁平成22年3月29日判決［28160876］	30万円
【157】東京高裁平成20年6月26日判決［28151418］	30万円
【158】東京地裁平成19年11月29日判決［28141367］	30万円
【246】東京地裁平成17年3月22日判決［28102029］	30万円
【207】大阪地裁平成9年1月24日判決［28020760］	30万円
【197】大阪地裁平成8年5月27日判決［28011257］	30万円
【161】東京地裁平成7年11月21日判決［28010144］	30万円
【136】東京高裁平成24年8月29日判決［28212580］	20万円
【178】東京地裁平成11年3月19日判決［28042243］	10万円

【判例番号】・裁判年月日・［判例ID］	認定額
【198】大阪地裁平成11年2月17日判決［28042015］	10万円
【208】東京地裁平成9年12月24日判決［28040244］	10万円
【063】東京高裁平成7年10月16日判決［28020077］	10万円
企業・団体関係（職員等）	
【273】福岡地裁久留米支部平成26年8月8日判決［28224340］	200万円
【252】千葉地裁平成12年6月12日判決［28051950］	200万円
【291】東京地裁平成12年1月31日判決［28060276］	200万円
【169】名古屋地裁平成8年3月13日判決［28011480］	200万円
【170】大阪地裁平成11年3月31日判決［28042631］	150万円
【289】東京地裁平成21年4月14日判決［28152774］	100万円
【253】東京地裁平成15年6月20日判決［28082582］	100万円
【173】東京地裁平成14年9月3日判決［28080470］	55万円
【141】東京地裁平成21年3月18日判決［28151664］	50万円
【203】京都地裁平成9年4月17日判決［28021098］	50万円
【257】大阪地裁平成21年10月16日判決［28161613］	30万円
【175】名古屋地裁平成20年7月11日判決［28153022］	30万円
【159】大阪地裁堺支部平成15年6月18日判決［28082648］	30万円
【258】東京地裁平成22年10月28日判決［28163213］	21万円
【164】東京高裁平成17年4月20日判決［28111490］	5万円
首長・地方議会議員等	
【189】横浜地裁平成13年10月11日判決［28071582］	1000万円
【064】大阪地裁平成24年6月15日判決［28210022］	600万円
【014】東京地裁平成22年10月29日判決［28180052］	500万円
【190】浦和地裁平成13年4月27日判決［28062164］	300万円
【073】札幌地裁平成11年3月1日判決［28060339］	200万円
【080】東京高裁平成9年1月29日判決［28020918］	100万円
【081】水戸地裁平成7年9月27日判決［28010526］	100万円
【119】新潟地裁高田支部平成14年3月29日判決［28072854］	50万円
【239】大阪地裁平成13年5月29日判決［28070216］	50万円
【083】東京高裁平成12年2月23日判決［28071693］	50万円
【205】福岡高裁平成12年11月22日判決［28072795］	30万円
【176】千葉地裁松戸支部平成12年8月10日判決［28060485］	30万円
【121】千葉地裁平成8年9月25日判決［28021189］	30万円

【判例番号】・裁判年月日・［判例ID］	認定額
【137】千葉地裁松戸支部平成21年9月11日判決［28160633］	20万円
【061】大阪高裁平成19年12月26日判決［28141503］	20万円
刑事事件被疑者等	
【008】東京地裁平成18年9月28日判決［28132240］	800万円
【282】大阪地裁平成14年2月19日判決［28071830］	400万円
【095】大阪地裁平成7年12月19日判決［28010842］	320万円
【069】大阪高裁平成12年12月21日判決［28070508］	250万円
【070】大阪高裁平成11年3月19日判決［28051195］	250万円
【042】東京地裁平成19年1月23日判決［28132448］	200万円
【043】東京地裁平成15年6月30日判決［28082655］	200万円
【225】大阪地裁平成11年6月9日判決［28041977］	200万円
【077】東京高裁平成7年11月27日判決［28011374］	150万円
【112】東京地裁平成18年4月28日判決［28131125］	120万円
【228】東京地裁平成7年4月14日判決［27828595］	100万円
【235】名古屋高裁平成12年10月25日判決［28060560］	75万円
【229】東京地裁平成21年9月29日判決［28170461］	70万円
【236】広島地裁平成24年5月23日判決［28210023］	50万円
【290】東京地裁平成12年10月27日判決［28060744］	50万円
【104】名古屋地裁平成12年1月26日判決［28060341］	50万円
【120】東京地裁平成10年3月4日判決［28041143］	40万円
【087】東京高裁平成7年3月29日判決［28021620］	40万円
【221】名古屋高裁平成27年2月5日判決［28230738］	30万円
【231】名古屋地裁平成11年6月30日判決［28042818］	30万円
【088】東京高裁平成8年5月20日判決［28011375］	20万円
【089】東京高裁平成8年4月26日判決［28021621］	20万円
【122】東京高裁平成8年3月25日判決［28020895］	20万円
【271】徳島地裁平成10年9月11日判決［28042885］	10万円
【280】名古屋地裁平成7年11月8日判決［28011339］	10万円
【091】神戸地裁平成8年7月18日判決［28021013］	5万円
【092】東京地裁平成9年11月10日判決［28031924］	4万円
芸能人・スポーツ選手等有名人	
【001】東京地裁平成21年3月26日判決［28151500］	1000万円
【002】東京高裁平成13年7月5日判決［28062405］	1000万円

【判例番号】・裁判年月日・［判例ID］	認定額
【004】東京地裁平成13年3月27日判決［28061990］	1000万円
【007】東京地裁平成19年6月25日判決［28140382］	800万円
【010】東京地裁平成21年3月5日判決［28151446］	700万円
【012】東京高裁平成14年3月28日判決［28071038］	600万円
【013】東京高裁平成13年12月26日判決［28071037］	600万円
【019】東京地裁平成13年9月5日判決［28062410］	500万円
【025】東京高裁平成22年3月17日判決［28173998］	300万円
【026】東京地裁平成21年11月9日判決［28161598］	300万円
【027】東京地裁平成21年2月4日判決［28150955］	300万円
【066】大阪地裁平成22年10月19日判決［28173932］	250万円
【071】東京地裁平成25年12月24日判決［28222701］	200万円
【039】東京地裁平成21年8月28日判決［28160703］	200万円
【040】東京地裁平成21年4月15日判決［28153073］	200万円
【223】東京地裁平成18年5月23日判決［28111577］	200万円
【283】東京地裁平成13年9月5日判決［28062410］	200万円
【233】東京地裁平成12年2月29日判決［28050598］	200万円
【226】東京地裁平成27年6月24日判決［28240148］	150万円
【293】東京地裁平成22年9月27日判決［28171717］	100万円
【284】東京高裁平成18年4月26日判決［28111808］	150万円
【295】東京地裁平成17年12月16日判決［28111674］	100万円
【055】東京高裁平成10年1月28日判決［28033074］	100万円
【056】東京地裁平成8年9月30日判決［28021150］	100万円
【294】東京地裁平成18年3月31日判決［28111539］	80万円
【286】東京地裁平成22年7月28日判決［28180429］	50万円
【219】大阪地裁平成10年6月29日判決［28033339］	50万円
【230】東京地裁平成25年4月26日判決［28211826］	40万円
【296】東京地裁平成20年12月24日判決［28152072］	30万円
【160】東京地裁平成9年4月21日判決［28031090］	30万円
公務員	
【005】東京高裁平成11年6月30日判決［28042135］	1000万円
【031】東京地裁平成17年11月11日判決［28130815］	300万円
【251】東京地裁平成15年5月28日判決［28082310］	300万円
【038】東京地裁平成10年11月16日判決［28052332］	300万円

被害者属性別索引

337

【判例番号】・裁判年月日・［判例ID］	認定額
【171】東京地裁平成10年9月25日判決［28041241］	100万円
【101】札幌地裁平成21年4月20日判決［28153914］	50万円
【059】東京地裁平成10年3月30日判決［28033459］	50万円
【277】福岡高裁平成25年7月30日判決［28212896］	30万円
【090】水戸地裁平成24年9月14日判決［28222046］	10万円
【245】東京高裁平成16年2月25日判決［28091898］	10万円
【268】大阪地裁平成27年1月21日判決［28230657］	5000円
国会議員等	
【003】東京地裁平成13年4月24日判決［28061368］	1000万円
【015】東京地裁平成19年1月17日判決［28130304］	500万円
【016】京都地裁平成14年6月25日判決［28073023］	500万円
【065】東京地裁平成13年7月18日判決［28062407］	500万円
【021】東京地裁平成27年5月27日判決［28232494］	400万円
【023】東京地裁平成23年11月16日判決［28212111］	400万円
【108】東京地裁平成25年1月29日判決［28211578］	300万円
【272】東京高裁平成21年3月27日判決［28153906］	300万円
【041】神戸地裁尼崎支部平成20年11月13日判決［28151261］	200万円
【110】東京地裁平成8年7月30日判決［28021011］	200万円
【044】東京高裁平成27年7月8日判決［28241636］	150万円
【049】東京高裁平成17年5月31日判決［28131639］	120万円
【100】東京高裁平成21年2月5日判決［28152639］	100万円
【053】東京地裁平成12年12月28日判決［28061671］	100万円
【057】東京地裁平成8年7月30日判決［28020816］	100万円
裁判当事者等	
【183】大阪高裁平成27年10月2日判決［28240313］	30万円
【184】水戸地裁平成13年9月26日判決［28071967］	30万円
【248】東京高裁平成11年9月22日判決［28052050］	30万円
【185】東京高裁平成7年2月27日判決［27827673］	30万円
【249】東京高裁平成18年3月20日判決［28111739］	20万円
【188】前橋地裁平成15年7月25日判決［28082534］	10万円
【299】東京高裁平成22年4月7日判決［28162537］	3万円
作家等	
【022】東京地裁平成25年8月30日判決［28213285］	400万円

【判例番号】・裁判年月日・[判例ID]	認定額
【097】 東京地裁平成13年12月25日判決 [28070695]	300万円
【099】 東京高裁平成15年7月31日判決 [28082703]	200万円
【111】 東京地裁平成8年9月30日判決 [28020098]	150万円
【102】 東京地裁平成21年8月26日判決 [28171555]	50万円
【060】 東京高裁平成7年10月30日判決 [28010215]	25万円
事件被害者等	
【285】 東京地裁平成10年9月29日判決 [28052709]	150万円
【279】 東京地裁平成17年9月13日判決 [28112227]	20万円
【186】 宮崎地裁平成12年5月29日判決 [28060428]	20万円
【262】 東京簡裁平成16年11月2日判決 [28100885]	6万円
市民活動団体等	
【274】 東京地裁平成21年4月13日判決 [28152094]	50万円
【204】 東京地裁八王子支部平成8年11月7日判決 [28021305]	50万円
【142】 前橋地裁平成9年2月18日判決 [28030809]	40万円
【062】 東京高裁平成10年5月28日判決 [28042167]	10万円
【287】 青森地裁平成7年3月28日判決 [27828438]	10万円
【264】 松山地裁平成15年10月2日判決 [28091654]	5万円
宗教関係	
【054】 東京高裁平成10年11月16日判決 [28040804]	100万円
【106】 高松地裁平成9年6月30日判決 [28042942]	50万円
【206】 大津地裁平成10年1月19日判決 [28040265]	30万円
【093】 東京高裁平成13年4月11日判決 [28061366]	0円
専門家	
【018】 東京地裁平成13年10月22日判決 [28072546]	500万円
【078】 広島高裁松江支部平成27年6月3日判決 [28233658]	100万円
【079】 東京高裁平成12年9月19日判決 [28052041]	100万円
【086】 東京地裁平成11年3月29日判決 [28041256]	40万円
大学・学校関係	
【009】 福岡高裁平成16年2月23日判決 [28090965]	800万円
【011】 大分地裁平成15年5月15日判決 [28082208]	600万円
【165】 東京地裁平成15年7月15日判決 [28090994]	400万円
【037】 大阪地裁平成13年7月16日判決 [28071073]	300万円
【167】 長崎地裁平成23年11月30日判決 [28181171]	200万円

【判例番号】・裁判年月日・［判例ID］	認定額
【215】東京地裁平成12年11月13日判決［28062231］	200万円
【075】東京地裁平成7年3月29日判決［28010372］	200万円
【076】東京地裁平成27年2月27日判決［28231166］	150万円
【045】東京地裁平成26年9月26日判決［28230841］	150万円
【126】長野地裁上田支部平成23年1月14日判決［28173161］	150万円
【127】仙台地裁平成25年8月29日判決［28221283］	100万円
【129】東京地裁平成22年1月18日判決［28162462］	100万円
【232】東京地裁平成17年3月14日判決［28101306］	100万円
【117】東京高裁平成14年2月27日判決［28071845］	100万円
【179】東京地裁平成10年2月20日判決［28042598］	90万円
【172】大阪地裁平成25年11月8日判決［28221520］	80万円
【150】水戸地裁平成26年4月11日判決［28230335］	60万円
【140】東京地裁平成15年8月22日判決［28090144］	60万円
【131】東京高裁平成23年1月12日判決［28173817］	50万円
【174】東京地裁平成20年12月5日判決［28153072］	50万円
【201】東京高裁平成11年6月8日判決［28050124］	50万円
【153】東京地裁平成9年8月28日判決［28033293］	50万円
【182】秋田地裁平成9年1月28日判決［28030715］	50万円
【259】東京高裁平成19年2月14日判決［28140988］	20万円
【242】東京地裁八王子支部平成17年4月13日判決［28111608］	20万円
【222】横浜地裁平成26年10月17日判決［28224420］	5万円
【210】東京地裁平成21年3月24日判決［28151759］	5万円
【265】東京地裁平成20年10月24日判決［28150739］	3万円
【211】佐賀地裁平成26年4月25日判決［28223734］	2万円
【267】東京高裁平成14年1月16日判決［28070587］	1万円
【270】東京高裁平成16年3月23日判決［28091727］	5000円
【138】東京地裁平成11年9月24日判決［28051430］	3000円
弁護士	
【030】大阪高裁平成18年6月14日判決［28130249］	300万円
【033】京都地裁平成17年10月18日判決［28102287］	300万円
【096】東京地裁平成15年12月17日判決［28101036］	300万円
【145】東京地裁平成26年7月7日判決［28230145］	250万円
【109】広島地裁平成20年10月2日判決［28142299］	200万円

【判例番号】・裁判年月日・[判例ID]	認定額
【148】東京地裁平成19年6月25日判決［28140420］	150万円
【149】東京地裁平成26年7月9日判決［28224887］	100万円
【217】名古屋地裁平成13年7月11日判決［28071554］	100万円
【180】東京地裁平成22年5月27日判決［28162797］	50万円
【181】東京高裁平成9年12月17日判決［28031950］	50万円
【220】東京地裁平成7年12月25日判決［28022406］	50万円
【155】東京地裁平成22年3月29日判決［28170280］	30万円
【156】大阪地裁平成21年1月15日判決［28150842］	30万円
【247】東京地裁八王子支部平成12年2月24日判決［28051705］	30万円
【187】京都地裁平成18年8月31日判決［28111950］	10万円
【300】東京地裁平成22年3月29日判決［28170280］	3万円
労働組合	
【199】横浜地裁平成18年9月21日判決［28130324］	600万円
【166】東京高裁平成27年8月26日判決［28234338］	300万円
【139】東京地裁平成24年1月27日判決［28180942］	200万円
【147】名古屋地裁平成24年1月25日判決［28181466］	150万円
【278】大阪地裁平成16年9月29日判決［28100439］	30万円
【143】大津地裁平成8年10月14日判決［28022246］	20万円
【162】東京地裁平成19年7月24日判決［28140293］	1万円
その他	
【113】東京高裁平成25年11月28日判決［28214210］	100万円
【103】東京地裁平成16年5月31日判決［28091774］	60万円
【105】東京高裁平成10年12月22日判決［28051361］	50万円
【107】東京地裁平成8年4月26日判決［28020013］	50万円

サービス・インフォメーション
─── 通話無料 ───
① 商品に関するご照会・お申込みのご依頼
　　TEL 0120(203)694／FAX 0120(302)640
② ご住所・ご名義等各種変更のご連絡
　　TEL 0120(203)696／FAX 0120(202)974
③ 請求・お支払いに関するご照会・ご要望
　　TEL 0120(203)695／FAX 0120(202)973

●フリーダイヤル（TEL）の受付時間は、土・日・祝日を除く
　9:00～17:30です。
●FAXは24時間受け付けておりますので、あわせてご利用ください。

判例INDEX　侵害態様別に見る
名誉毀損・プライバシー侵害300判例の慰謝料算定

平成30年3月25日　初版発行

編　集　　第一法規「判例体系」編集部
編集協力　伊　藤　　進
発行者　　田　中　英　弥
発行所　　第一法規株式会社
　　　　　〒107-8560　東京都港区南青山2-11-17
　　　　　ホームページ　http://www.daiichihoki.co.jp/
装　丁　　篠　　　隆　二

判IN名誉　ISBN 978-4-474-06249-8　C3032（7）